EL ARTE CUBANO EN EL EXILIO

COLECCIÓN ARTE

EDICIONES UNIVERSAL, Miami, Florida, 2015

Armando Álvarez Bravo

EL ARTE CUBANO
EN EL EXILIO

Copyright © 2015 by Armando Álvarez Bravo

Primera edición, 2015

EDICIONES UNIVERSAL
P.O. Box 450353 (Shenandoah Station)
Miami, FL 33245-0353. USA
Tel: (305) 642-3234 Fax: (305) 642-7978
e-mail: ediciones@ediciones.com
http://www.ediciones.com

Library of Congress Catalog Card No.: 2014958098
ISBN-10: 1-59388-267-x
ISBN-13: 978-1-59388-267-9

Diseño de la cubierta: Luis García Fresquet

Todos los derechos
son reservados. Ninguna parte de
este libro puede ser reproducida o transmitida
en ninguna forma o por ningún medio electrónico o mecánico,
incluyendo fotocopiadoras, grabadoras o sistemas computarizados,
sin el permiso por escrito del autor, excepto en el caso de
breves citas incorporadas en artículos críticos o en
revistas. Para obtener información diríjase a
Ediciones Universal.

*Para Tania, que se empeñó
en que publicara estas páginas
tan importantes para mí.*

ÍNDICE

Al curioso lector de este libro 9

Las alucinaciones de Gustavo Acosta 19
La pintura dura de Álvarez Buylla 23
Marc Andries Smit: La vigencia de la tradición 25
Bencomo y el espejo de la naturaleza 27
Cundo Bermúdez: Una vida de arte 29
Orlando Cabañas: El encanto de un secreto 33
    II. Un poema para el maestro Orlando Cabañas 35
Humberto Calzada: Desde la luz azul 37
Arcadio Cancio: La irrealidad de la realidad 41
La obra monumental de Manuel Carbonell 45
Mario Carreño: El legado de un maestro 49
    II. El viejo maestro ante una retrospectiva ideal de su obra 51
Ramón Carulla y la cólera civilizada 55
Hugo Consuegra: La pintura como éxtasis 59
    II. Hugo Consuegra, recuerdo y homenaje 61
Rafael Consuegra: La creación diversa 65
Demi: De donde salen las ideas 69
Carmen Diez-Oñate: El latido de la poesía 73
Imagen última de Carlos Enríquez 77
    II. Como no murió Carlos Enríquez 79
Roberto Estopiñán: El sentido y grandeza del arte 81
Agustín Fernández: La maestría a pulso 85
Gay García: El arte es personal 89
Prólogo para Gattorno: Un pintor cubano para el mundo 93
Carmen María Galigarcía: Pintar lo es todo 97
Lourdes Gómez Franca: Imágenes torturadas 101
González Torres: Arte de regalo 105
Ileana Ferrer Govantes: Imágenes de ayer y de hoy 109
Pedro Hernández: Cincuenta años de creación 113
El real mundo mágico de Glyn Jones 117
Julio Larraz y sus historias 121
Raquel Lázaro: Vivir, también pintar 125
Tony López y Ángel Martí: Observar y crear 129
Alfredo Lozano en El Vedado 133
Guido Llinás: Uno de Los Once en Miami 137
Nunzio Mainieri: La armonía y la belleza 141
Gilberto Marino: La pintura como poema de libertad 145
Armando Martínez, el natural 147

Lorenzo Mena: Un gran artista pendiente de la historia 151
Mijares: Diálogo de los 80 años 155
    II. Palabras a/de Mijares 159
Molné: La pintura de una pasión cubana 165
Tomás Oliva dialoga con la escultura 171
Miguel Padura: Buscar desde el hallazgo 177
Gina Pellón: El más de la belleza, la inocencia y la luminosidad 181
Denis Perkins: Una pintura íntima 185
Félix Ramos: La tradición del paisaje 187
Arturo Rodríguez y su archipiélago fantasma 191
Baruj Salinas y el dominio de la luz 195
Emilio Sánchez: La pintura de la realidad y del sueño 199
Tomás Sánchez entre la belleza y el horror 203
Rafael Soriano: la gran pintura 205
    II. Rafael Soriano a solas con la luz 207
Tres artistas, tres medios 211
    (Agustín Cárdenas y Mario Carreño)
Andrés Valerio: El oficio, el lenguaje universal 215
Luis Vega: El paisaje del paisaje 217
Roberto Weiss: La belleza hacia el siempre del espíritu 221

AL CURIOSO LECTOR DE ESTAS PÁGINAS

La implantación de un régimen totalitario en un país altera, modifica y cambia radical e implacablemente su historia, sus estructuras de gobierno, políticas ideológicas, económicas, sociales y su cultura. Todo esto conlleva una alteración de los valores e impone un precario estilo de supervivencia para resistir los embates de una realidad degradada, hostil y represiva. En ese marco la libertad de creación y expresión son perseguidos por un sofisticado aparato policial que domina todos los sectores y aspectos de la vida nacional. Sólo se permite aquello, sea cual fuere la naturaleza de la obra de creación o pensamiento, que ha sido analizado de manera minuciosa y aprobado con enormes reservas y limitaciones por el aparato de una infatigable maquinaria de censura con absolutos poderes.

Lo que de forma somera he detallado no es otra cosa que una síntesis de lo que constituye la vida en todos los órdenes en la Cuba tiranizada por el totalitarismo castrista desde hace más de once atroces lustros. En su transcurso no ha cesado sino se ha incrementado la represión más brutal y cruenta. Los incontables crímenes del castrismo son únicamente superados numéricamente por el horror de sus prisiones, violentos actos represivos y la constante vigilancia y control a los que son sometidos los ciudadanos desde su niñez a partir del Expediente escolar. A estas espantosas servidumbres hay que añadir la ruina económica en que está sumido el país, la atroz escasez de lo más elemental, la insalubridad e insuficiencia de los servicios médicos y hospitalarios, la absoluta destrucción del aparato industrial y comercial y el desplome y peligrosa condición de las cada vez más escasas y deterioradas viviendas, que son la verdadera imagen de un mundo que se hunde en los abismos del desastre.

En este atroz marco la población está dividida en dos sectores fundamentales: la clase dominante integrada por miembros de relevantes niveles jerárquicos del partido comunista y la alta oficialidad de las fuerzas armadas. Y vinculados a ese selecto grupo están los incondicionales de distintos conglomerados sociales que buscan de manera oportunista beneficiarse en algo de su incondicionalidad y no vacilan en cumplir las órdenes y «orientaciones» que reciben. No puede olvidarse que una frase clave de máximo orden en Cuba es tristemente:

«Hay que resolver». El otro sector de la población está compuesto por aquellos que tratan de sobrevivir y que muchas veces tienen que plegarse, aunque abominen de ello, al libreto que les impone el régimen. Existe, por supuesto, un creciente sector de opositores que el régimen no cesa de acosar y reprimir y que, a pesar de ello, va aumentando en número. Que no cesa en su lucha contra el totalitarismo castrista y por la libertad y la democracia en Cuba.

¿La cultura y la creación en la triste tierra del canónigo Velázquez, a quien debemos la primera definición de la patria cuando la calificó como «triste tierra tiranizada y de señorío»?

Sólo tengo una respuesta vísperas de mis 76 años y habiendo vivido y sobrevivido más de dos décadas en aquel infierno, en el que me hicieron una no persona, me separaron de mi familia, la que hostigaron tanto como a mí, y acabaron por ponerme a hacer trabajos forzados, y mis años de exilio, que no han sido precisamente miel sobre hojuelas. La razón de lo segundo es que no he sido ni soy un converso que ya aquí son como el marabú pero que, por serlo, enseguida se «enchufan», como dicen en España. Todo esto es tan triste como deplorable. Y no demoro más mi respuesta. La creación y la cultura cubanas, aunque se gesten en Cuba —vayan como ejemplo mi caso y el de mi querido amigo Reinaldo Arenas— sólo alcanzan su posibilidad, que nunca su horizonte, en el exilio. Por eso es que tanto lamento tener que resumir una posible historia de nuestra pintura y escultura en el exilio.

Desde que en la temprana década del 80 comencé a escribir en The Miami Herald, que se convertiría en El Nuevo Herald, me empeñé contra la corriente, que era bien poderosa, en dar cuenta de la relevancia del arte cubano. ¡Cuánto he tenido que luchar para persistir en mi empeño y dar cuenta e historiar con mis críticas de arte la labor de pintores y escultores cubanos que han hecho y hacen su obra donde escribo y escribí sobre ellos, en el exilio! Quede claro que también me ocupé con la misma pasión de artistas plásticos internacionales. Y así, al paso del tiempo, he escrito cientos de críticas. Siempre, a pesar de mis observaciones críticas, mis páginas se han volcado sobre una obra en la que hallé posibilidades. Siempre he dicho que el oficio de crítico, que vuelco también sobre la literatura, es ingrato. Y, sin lugar a dudas, lo es. Pero he criticado como una responsabilidad y, más, para lo cubano en que me he centrado. Salvando las distancias mi tenaz admiración delmontina.

La implacable censura al mundo de la creación por parte del totalitarismo castrista se ha caracterizado desde un principio por la manipulación y control del creador y la obra y por un principio inexorable. Es inadmisible lo que pueda ser o parecer contrario al proceso revolucionario marxista. Los discursos de distintas épocas de ese proceso han sido muy variados y siempre han respondido a necesidades de la dictadura, que ha utilizado la cultura y la creación como instrumentos de propaganda y un medio para establecer buenas relaciones internacionales y captar creadores e intelectuales que se han doblegado a sus dictados. Al paso del tiempo se han padecido épocas de inexistente «apertura» y otras, las más, de férrea limitación en que la publicación, la exposición y la presentación de obras de creación de distintos géneros quedaban limitadas para los escritores y pintores oficiales que eran incondicionales al régimen. Va de suyo que se creó una servil clase autores y creadores oficialmente incondicionales que se caracteriza por su irremediable mediocridad y servilismo y se beneficiaba y sigue beneficiándose de los premios y regalos que les da el régimen como pago y recompensa.

De manera paralela a la hegemonía de la literatura y el arte oficiales se formaron una serie de creadores que comenzaron a realizar una obra distinta y que por esa diferenciación fue considerada como conflictiva o contrarrevolucionaria por los policías culturales. El precio a pagar por ese delito fue la marginación, el hostigamiento, la cárcel y el exilio. Pero he aquí que esa obra condenada de distintos géneros constituye lo más valioso producido por creadores cubanos desde el funesto 1959. Por supuesto existía obra de personalidades de las letras y el arte ya establecidas cuando se produjo la toma del poder por el totalitarismo castrista y no pocos de esos creadores siguieron escribiendo, pintando y esculpiendo en Cuba aunque su quehacer fuese reducido a la sombra y la no divulgación. Otros integrantes de ese mismo grupo siguieron haciendo su obra en el exilio.

A estas alturas de la trágica historia cubana es preciso afirmar que la continuidad de la creación nacional, a pesar de tantas dificultades y situaciones en contra de su fluído desarrollo y difusión, donde se cumple y persiste es en el exilio. Conforme a la tradición de nuestro siglo XIX nuestra cultura vuelve a ser una cultura de exilio. Y los paisajes de ese exilio son el espacio donde poetas, escritores, pintores, escultores y músicos crean en la distancia. La composición de ese exilio creador es muy variada y las nuevas generaciones, muchos de cuyos integrantes se formaron en la Cuba totalitaria, han elegido el exilio para hacer su obra porque es el horizonte de la libertad que no hay en la patria. Es igualmente el latido de la posibilidad para sus vidas y su quehacer.

Ha pasado más de medio siglo desde la toma del poder por el castrismo. En ese transcurso, sin lugar a dudas por determinismo geográfico y político, Miami se ha convertido en la segunda ciudad de Cuba por su población cubana y se le reconoce como «la capital del exilio». Es aquí donde se han formado varias generaciones y los exiliados han sido un factor decisivo en el desarrollo de la ciudad y su proyección internacional. Esta es muy otra a la que era en 1959 cuando llegaron los primeros exiliados, los que se identifican como «exilio histórico». Hay, va de suyo, cubanos exiliados en Europa e Hispanoamérica y los creadores que viven en esas capitales han seguido laborando y algunos han ganado espacio y reconocimiento en el mundo creativo y cultural en que se insertan.

El mundo de la creación del arte comienza a manifestar un cambio en su proyección y apreciación en la década del 80. Anteriormente se habían producido algunos empeños para propulsarlo pero no hallaron la resonancia que debían. Es en la nueva década en que se formula un ambiente más propicio para la difusión del arte cubano y comienzan a crearse galerías, que promocionaban a los artistas cubanos pero que no desdeñaban a los de otros países. Una diversidad que funcionaba activamente en beneficio de los cubanos al situarlos en planos que antes sólo se concebían para los artistas internacionales.

Las galerías no sólo promocionaron a los creadores cubanos sino propiciaron una apreciación significativa de la obra nacional. Tanto es así que la compra y posesión de piezas de maestros devino un «status symbol» y, más allá, en una reafirmación de cubanía. Ese interés aumentó al cotizarse y venderse a elevados precios obra cubana en las subastas de arte neoyorkinas. Una clara muestra del valor que alcanzó el arte cubano en la vida cotidiana fueron las noches de galería de los viernes en Coral Gables. Asistían cientos de personas. De ese activo movimiento se beneficiaron no sólo los maestros sino también jóvenes creadores que iniciaban o se adentraban en su carrera. Fue tan intenso que se produjo un significativo y nocivo mercado de falsificaciones, unas realizadas aquí y otras en Cuba, donde se ha saqueado y saquea de forma incesante el patrimonio artístico nacional.

Mientras estaba en mi exilio español a principios de los años 80, siempre me preocupé por el estado de la creación y la cultura en Miami. No eran óptimos y faltaba mucho por hacer para desarrollarlos.

Tras desempeñar varios ingratos trabajos nocturnos en los espacios informativos de emisoras radiales conseguí un puesto de redactor en El Herald en español, que se convertiría más adelante en El Nuevo Herald. Allí trabajé como un forzado y logré imponer y mantener a pesar de todos los pesares un espacio regular de crítica de arte, que escribía paralelamente a mis páginas de crítica literaria y una columna informativa de temas culturales. Me entregué a esas críticas de arte de lleno porque las estimaba imprescindibles para enriquecer el panorama del arte local y apoyar a artistas que, en muchos casos, eran perfectos desconocidos y contaban con muy pocos compradores o carecían de ellos. Tantos años después, y después de mucho pasar, me doy cuenta de que los cientos de críticas que escribí sirvieron para dar nombre y hacer a no pocos creadores y también, es algo muy importante para mí, constituyen la única fuente puntualmente periódica para historiar el desarrollo y presencia del arte cubano en Miami. No existe otro texto o fuente de esa naturaleza.

Este libro, *El arte cubano en el exilio,* está formado por una estricta selección de críticas de arte en que me vuelco en la persona y la obra de más de cincuenta creadores. Agradezco al Nuevo Herald la autorización para publicarlas. Hay en este libro creadores de todas las edades y generaciones y de todas las tendencias y lenguajes creativos. En algunos casos he añadido a la crítica poemas que he escrito sobre un artista y su obra, que creo revelan más de su esencia y personalidad.

Una aproximación al arte cubano en el exilio nos presenta varios aspectos relevantes.

El primero es la diversidad de edades, generaciones, temáticas y estilos. Lejos de la patria hay y también fallecieron figuras mayores y significativas. De igual suerte se han perdido creadores más jóvenes o de edad madura que dejaron pendiente una realidad y posibilidad creativa.

El segundo es que los artistas confrontan inexorablemente, más cuando son de indiscutible calidad, la realidad y leyes del mercado. Es posible vender en la casa, en el estudio, a un círculo de compradores, pero es clave tener una galería que sirva para impulsar la obra. Esa vinculación del artista con una galería constituye una seguridad económica y garantiza la difusión de la obra. Pocas cosas hay más importantes en el mundo de la creación plástica.

El tercero es que las vivencias personales y las inevitablemente históricas que le ha tocado vivir al creador cubano a partir de la instauración del totalitarismo castrista han creado elaboradas diferencias que pueden ser excluyentes en el campo de la creación. Son producto del ambiente y la formación impartida y de los insólitos y tremendos mecanismos de resistencia y supervivencia a que se ve sometido el individuo en la Isla. De igual suerte, de lo traumático que resulta crear en un marco policial y pasar a hacerlo en uno en que debe aprenderse y asimilarse la libertad y los valores que le son consustanciales y proceder en consecuencia.

El cuarto es tanto de naturaleza física como sicológica. Un exilio es un cambio de vida y de estilo de vida en todos los órdenes. Encajar esa realidad, que tanto puede haberse deseado, no siempre es de fácil inmediatez. El individuo, el creador, está hecho a plasmar sus respuestas a la realidad, sea esta cual fuere. Y la realidad del exilio, a estas alturas, es como volver a empezar. Hay que despojarse de tanto indeseable como de tanto entrañable que pasa a los planos del recuerdo. Esto, si se es un creador esencial, determina que se está más allá de la temporalidad y se hace obra con conciencia de intemporalidad, de siempre. Cuando esto se cumple la obra expresa a plenitud su momento, el latido de ese momento y se instala en el siempre. Son tres factores que, dado por sentado el oficio, establecen el valor final de lo creado. Si quiere hacerse obra hay que vivir en un presente sin límites.

El quinto, y tan relevante, es que cuando se pierde la patria todo se pierde y uno, tenga el pasaporte y los medios que tenga, se convierte en un extraño, en un extranjero. La patria debemos tenerla en nuestro corazón y pensamiento y traducirla y plasmarla en nuestra obra. Parece muy simple y no lo es porque el exilio es distancia de orígenes y latido de aquello en que nos hicimos. Así, exiliados, si algo está en nuestras manos es hacer una obra que por natural latido diga de lo que somos. Y hacerla sabiendo que como carecemos, por bien que estemos, del apoyo de un estado somos siempre unos apátridas a los que siempre faltará respaldo. Pero que, a Dios gracias, podemos crear libremente. Así hicieron y culminaron en el exilio su obra dos entrañables amigos, los poetas Eugenio Florit y Gastón Baquero. Así pintó hasta el fin Mario Carreño y esculpió el tan bueno Manuel Carbonell. Su obra es tan universal como cubana porque vivieron para ella y por y en ella.

Siempre he asegurado que mi prosa, en varios géneros, es complemento de mi poesía. Estas tan arduamente escogidas páginas son exponente de mi certidumbre. No sé el número de artistas plásticos sobre los que he escrito tanto con el deseo de analizar y valorar su obra como de propiciar su desarrollo. Ese deseo lo valoro mucho aunque mi entrega ha sido demasiado ignorada y olvidada. De esperar. Siempre he manifestado que la prosa, como la de este libro, es complemento de mi poesía. Y siempre he dicho que no hay oficio más ingrato que el de crítico. Lo reitero con creces. Yo también tengo, aunque no las manifiesto, mis furias con los que me han negado y cerrado puertas que han abierto a tantos infames, tantos de ellos, además de mediocres, castristas de tomo y lomo. Algo normal en el triste exilio. *But life goes on...* y Dios nos ampare y ayude.

Los escogidos artistas que tras mucha reflexión incluyo en *El arte cubano en el exilio* son de muy diferentes perfiles, creación y dimensiones. Los conozco bien, como todos aquellos sobre los que escribo. Si no lo hiciera no lo haría. Los hay extraordinarios, estupendos y de verdadera calidad. También de real y profundo valor por el latido del significado de su obra. Todos, hasta ahora, han tenido en su trayectoria, que no siempre o nunca ha sido fácil, sus altas y sus bajas, pero siempre han creado con incesante pasión. Y todos han sido parte esencial del mundo-tiempo del arte del exilio en Miami y el paisaje que han elegido para residir y trabajar, aunque no sé cuánto no quieran ni les importe reconocerlo.

Sí, el arte tiene que ver demasiado con la moda y con el poder. Sí bien sé que algunos de los creadores que he escogido no califican para algunos con espurias agendas para esta colección de críticas de arte cubano en el exilio. *I don't give a damn.* Están porque su obra y vida están a vivo pulso en el arte cubano en el exilio. Y ya, a estas alturas de mi vida y obra, ¿quién diablos se atreve con suficientes razones y argumentos a cuestionarme? No voy a admitir a estas alturas lo que siempre me negué a aceptar.

Pintar y esculpir no es fácil. Bien lo sé. En mi temprana juventud tuve la suerte de poder vender, siempre me ha fascinado pintar, *collages*. Me fascina y convoca la pintura pero elegí la escritura. No alcanza el tiempo para dedicarse a ambas. Y a estas alturas de mi edad, con mis crecientes e implacables males y limitaciones, quisiera volver a pintar, pero ¡ay! no puedo abarcar tanto. Entonces...

Aceptar que el arte cubano ha determinado su mejor y pleno destino en el exilio aunque se haya fraguado en Cuba. Interpretar y aceptar las variantes de sus imágenes y materia. Y, esto es clave, incorporarle creativamente al arte cubano realizado previamente. Sólo hay un arte cubano a una y otra orilla del mar. Es el de siempre. Y es sobre el que se vuelca en los creadores que figuran en este libro, *El arte cubano en el exilio*.

La estricta elección de los artistas incluidos obedeció a un criterio basado en varios factores. Son: mi conocimiento del medio y sus protagonistas. El peso y continuidad en el arte exiliado de esas figuras que contra tanto han tenido que luchar, aunque algunas han alcanzado al paso de los años una posición relevante en reconocimiento y demanda. Una obra que ha coincidido con la presencia de la obra y de históricos maestros cubanos establecidos, ya sea por la presencia personal o la existencia de su quehacer a este lado del mar. Y mi estricta valoración crítica y estética de la creación de los artistas escogidos. Llegado a este punto debo señalar que existe en el exilio una creciente producción de pintura, cerámica y escultura, en ese orden. Debo añadir que, aunque son muchos los que la realizan, algunos desgraciadamente no tienen los niveles de calidades que los excepcionan. Y también reafirmar que en muchos casos el triunfo de un artista depende de las agendas críticas, políticas, económicas y académicas imperantes. Otro tanto sucede en el mundo de la poesía y la literatura. Esto es algo bien lamentable y no deja de ser injusto. Como crítico, que insisto, con absoluta razón y fundamento, es un oficio bien ingrato, he tratado de ser objetivo y reconocer lo que tiene legítimo valor, calidad y trascendencia aunque se encuentre reducido a un plano de sombra. Así estimo lo patentiza mi selección de creadores para este libro. Creo que es justa y estricta y representativa en su proyección. Comienza por presentar un amplio cuadro de creadores de distintas generaciones y estilos. Sigue por un análisis crítico de su obra y un recorrido por su vida y planteamientos creativos. Resume su proyección en un momento clave de su trayectoria adentrándose en su siempre. En algunos casos, he agregado a mi aproximación a un artista un poema que le dediqué y que ilumina más su figura y quehacer. Esta reunión de creadores tan diversos en todos los órdenes la presento por orden alfabético y han sido escogidos entre los cientos de páginas que en tanto más de dos décadas he dedicado puntualmente en mis páginas dominicales al arte cubano en el exilio, lo que ha sido en verdad escribir sobre nuestra creación como un todo a ambos lados del mar.

    Mi admiración por los maestros cubanos de todos los tiempos crece sin cesar. Considero que las décadas del 40 y del 50 del pasado siglo fueron un momento excepcional en nuestro arte, cuyo latido moderno comenzó con Víctor Manuel y Carlos Enríquez y se consolidó en esos años. Deploro insondablemente el establecimiento en el funesto año de 1959 del totalitarismo castrista. Fue y sigue siendo responsable del horror, la represión y todas las especies de la miseria existentes en Cuba. También de una censura que ha perseguido a creadores y obra que no se atenían por su creatividad a los férreos dictados del régimen. Lo que no deja de resultarme increíble es que a pesar de esa represión asiática, los escritores y artistas cubanos siguieron haciendo obra, aunque estuviese condenada al silencio y la sombra. Sé por experiencia propia lo que es eso, pues mi enfrentamiento con el sistema comenzó para no acabar en 1964, por la publicación de mi primer libro de poemas, *El azoro*. Siguió hasta mi condena internacional por mi obra de *Órbita de Lezama Lima* por parte de servidores y vividores del castrismo. Y, para cerrar la relación, en la revista oficial del Ministerio de Cultura, Revolución y Cultura, mi antológica condena por parte de una figura privilegiada del régimen represor, Raúl Rivero, por mi libro de poemas *Relaciones*. A esas tres precisiones debe agregarse mucho, tantísimo más, y lo demasiado que se hostigó a mi familia, de la que fui finalmente separado por años cuando salieron al exilio y me pusieron a realizar trabajos forzados hasta que logré mi salida hacia España.

Hago estas precisiones personales porque las creo necesarias y porque mi caso fue el de no pocos creadores cubanos en el exilio, donde convivimos los viejos, ya lo soy, con los más jóvenes, un marco temporal que halla su real posibilidad en la obra que se ha hecho, se hace y se hará y que garantiza la continuidad del cuerpo y espíritu de la creación cubana.

Llegará un día en que será necesario hacer la verdadera historia de esta época atroz y agónica para Cuba y los cubanos. En ella es imprescindible el capítulo dedicado a la cultura en todos sus aspectos y, tanto, a la literatura y el arte. En las diversas expresiones de ambos se ha mantenido y desarrollado la esencia e identidad de lo que somos como cubanos.

Es mi propósito al hacer este libro, *El arte cubano en el exilio*, dejar testimonio de las que considero son figuras y obras que cuya presencia y labor es parte y latido esencial de nuestra identidad cultural. Una vez más al escribirlo, comprendo como hace décadas afirmé en un ensayo, que Cuba es una invención de sus creadores. Ahora lo es más en la creación de los poetas, escritores, pintores, escultores y ceramistas fundamentales por su tesón creativo y su identificación con la patria. He tenido el privilegio de buscarlos, hallarlos, reconocerlos, juzgarlos críticamente y escribir sobre ellos y su obra en que late la libertad.

En esta época, como lo fue en el siglo XIX, Cuba es la literatura y el arte exiliados.

ARMANDO ÁLVAREZ BRAVO

Miami, en el Año del Señor del 2014

LAS ALUCINACIONES DE GUSTAVO ACOSTA

Una de las mayores satisfacciones que experimenta un crítico— que, inútil es recordarlo, es una de las profesiones más ingratas del universo y una de las más tenaces formas de adicción— es poder seguir el crecimiento de una obra y ver en esa andadura su posibilidad. Puedo decir que esto es parte de mi relación con la obra del pintor cubano Gustavo Acosta.

Esa satisfacción ante la expansión del espectro expresivo del artista, su depuración en los ritos de la ejecución, la profundización temática, el dominio y la evidencia de su enigma, de su memoria y de sus olvidos y, lo que es más importante, de su fantasía e imaginación, la he experimentado de nuevo examinando su nueva colección «Alucinaciones», que presenta actualmente en Elite Fine Art, de Coral Gables.

Y creo importante precisar, con la autoridad de la Real, que alucinación es la «sensación subjetiva que no va precedida de impresión de los sentidos». Y, con la misma autoridad, dejar por sentado que «alucinado» es también «visionario». Porque Acosta, ese pintor de ciudades o de «la ciudad», de paisajes tan abiertos como adentrados en la intimidad de sus interiores pero, por lo general, desiertos —salvo en cuadros ocasionales en que incluye una o dos figuras diminutas en el conjunto como expresión de una relación directa y personalísima con el entorno plasmado— ha llegado a esa zona de un discurso propio en que la ciudad es tan imaginaria como evocada, y gana en densidad y gravitación precisamente porque el artista no se limita al fiel traslado de las imágenes de la realidad al lienzo, sino que, con absoluta independencia, se deja dominar por una visión que eterniza lo urbano adentrándose en su materialidad y sus iluminaciones de trascendencia.

El hecho de que la ciudad, lo urbano, domine esta obra con tanta intensidad lo atribuyo más que a una motivación de índole estética, que no falta, por supuesto, al hecho de que para un artista como Acosta, la ciudad se convierte por inexorable destino en absoluto de su existencia.

Primero, es la ciudad de sus orígenes e impresiones iniciales, de su formación y de la fijeza por fuerza de los desmanes de la política totalitaria del castrismo. En tal ominosa y trágica circunstancia que los cubanos llevarán padeciendo 42 años en unos pocos días, hasta la grandeza y la poesía de la ciudad se convierten en límite, cárcel, siempre de ausencia de libertad, más que metáfora de los círculos dantescos. Sin embargo, y es difícil de comprender, hay una gracia especial que desde el horror salva el arquetipo urbano en su belleza, espiritualidad y carnalidad y que permanece en todo aquel que la conoció y habitó.

En segundo término, ya para el artista como exiliado, la ciudad, cualquier ciudad, deviene paraíso quizás cuajado de hostilidades, pero colmado de bendiciones ante la memoria de lo que quedó atrás; y, no menos, una tierra de nadie en que la pérdida de lo entrañable, así como la sostenida gravitación de lo siniestro que no abandona al exiliado, hace que tanto la euforia, como la nostalgia, como la urgencia de comprender una nueva realidad, le obligue a relacionarse con lo urbano desde la posibilidad de lo inclusivo, de la transformación, de la mágica metamorfosis, para hallar una explicación convincente a su propio discurso y extrañamiento. Es en esa etapa cuando las visiones comienzan a cuajar con mayor fuerza, integrando un discurso en que la coherencia coloca sus piedras miliares más allá de cualquier paisaje, siendo todo paisaje.

Creo que hay una tercera etapa, en que pienso se adentra ahora Acosta, y es la que le permite, desde la paradójica dualidad de lo asimilado y de lo recurrente, de lo real y de aquello que es visión en suprarrealidad, formular unas imágenes en que las explicaciones de sí mismo y del paisaje son tan reales que ese paisaje y cualquiera de sus posibilidades se torna en la invisibilidad y la carnalidad de nuevas memorias, en evocación y sueño del otro, en declaración de presencia y ausencia por parte del pintor.

En esta obra tan caracterizada por su latido de sombras, por la insinuación del detalle desde la penumbra, por la precisión mítica de edificaciones que han pasado a ser una ficción de quietud, por su hermetismo, por su serenidad en que late algo que desconocemos, por la gravitación del paso del tiempo, alienta una insólita fuerza que exalta un momento, una eternidad y un sueño perdidos que persisten más allá de la distancia y la muerte y se constituyen en latido de permanencia desde su propia fijación en el lienzo.

Así, las alucinaciones de Acosta tienen mucho, aunque el artista no sea consciente de ello, de epifanías. La mayor, verdadera pieza de resistencia del conjunto, es «Alucinación», que plasma con precisión y magia entrañables uno de los edificios capitulares de La Habana vieja, y mantiene su realidad y adentramiento en el tiempo con verdadera grandeza y lujo arquitectónico más allá de unos árboles míticos. Es decir La Habana esencializada y decantada para defender su hermoso y acariciador siempre.

Ha hecho Acosta en esta colección un inventario tan natural como inesperado de sus alucinaciones —y de nuevo insisto en el uso de la voz visiones para la interpretación de los lienzos—. Son tan suyas y tan habaneras y tan cosmopolitas y tan universales. Y son, como tiene que ser y tanto no es ahora, pintura de primera. Eso dobla su valor. Un valor del que siempre estuve seguro y que ya es parte por imperio propio y no por otros factores del caudal de la pintura cubana.

LA PINTURA DURA DE ÁLVAREZ-BUYLLA

Lo afirmé hace ya bastantes años: Esteban Álvarez-Buylla era uno de los auténticos y sólidos creadores jóvenes de la plástica cubana. El inexorable paso del tiempo se ha encargado de darme razón. El pintor alcanzó ese rango a partir de su pasión por el oficio llevado a sus máximos y el carácter singular de sus imágenes, buscando tanto una definición como una identidad y una firma de estilo. Esos tres rasgos intuí eran posibles en su carrera cuando vi su obra cuando llegó al exilio. Es un quehacer que está en las antípodas del que ejecuta actualmente.

Al correr de los años fue constante nuestro diálogo sobre su quehacer y sus posibilidades, y creo que lo que con él discutí se ha decantado en sus tan singulares lienzos y papeles. Álvarez-Buylla ha elaborado, desde su afán por ceñir un mundo marginal en que sólo destellos de luz rompen la oscuridad bien a ras de mundo, una historia dentro de la historia de la realidad que plasma, en que lo cubano es esencia y se impone naturalmente. Pero esa marginalidad desgarrada individual y colectivamente no tiene en su obra la funesta y elemental reverberación de la pintura comprometida, verdadera plaga de nuestra plástica, sino que late final en los espacios de la existencia como es, como no puede dejar de ser. Puede haber ternura y compasión en ese ámbito que sólo se comprende a partir de la contemplación y la inteligencia de la pintura dura del artista. Esa dureza lo excepciona.

Las obras que integran esta magnífica exposición son cristalización de una búsqueda de años. Van más allá del tema, que el artista domina de forma impecable, y patentizan un dominio no sólo de los materiales, el color y los cánones del buen y clásico pintar, sino también del final acento en la resonancia de la imagen. Esa imagen que es siempre para este artista dominio de la totalidad del lienzo o del papel, en que colores, formas y texturas plasman una historia muchas veces, desde lo elemental del ámbito social que abarca el artista, fijando la transitoriedad de una imagen. Pintor de protagonistas anónimos, desgarrados por la existencia, infinitamente silenciosos en su intensidad en sitios penumbrosos de la mala vida, Álvarez-Buylla tiene la inteligencia de retratar una imagen que tiene tanto de real como de posible porque la criatura es esencialmente vulnerable. Esa vulnerabilidad es el elemento clave de la inmensa soledad que desde su no menos inmenso silencio comunican estos lienzos y papeles.

En esa circunstancia límite que Álvarez-Buylla plasma con toda la intensidad de una poderosa paleta en que la densidad del color es punto final de la imagen y su *más*, el pintor hace algo, y es un detalle en el lienzo, que siempre me ha llamado la atención y se lo he señalado. En ocasiones, y esto es singular en un perfeccionista como él, al pintar las manos incurre en una deformación proporcional de algunos dedos. Creo, y lo he hablado con el artista, que es una forma de establecer un punto de intensidad focal que haga más visualmente resonante a la imagen de su protagonista. En otras palabras, una forma de diferenciarlo en su agónico estar, una actitud tan natural en los protagonistas de la hermética pero poderosa narración de los cuadros de Álvarez-Buylla.

Hay otro factor que en el minucioso discurso del artista se evidencia y patentiza en esta exposición y en no pocos de sus cuadros. Es su obsesión por y con la luz y la forma ideal de plasmarla con una independencia en la composición que hace más rotunda. La luz, sean cuales fueren los marcos y límites que le asigna Álvarez-Buylla, es para el artista una imagen totalizadora en su enigma y evidencia del «cuento» que nos ofrece en el lienzo. Es ese indefinible *más* que en cualquier obra nos obliga a preguntarnos por qué. Y es ese *más* que hace de cualquier lienzo, de toda imagen en que sea presencia, un enigma que sustenta la necesidad de tener esa pieza en la casa, cerca de nosotros, hablándonos incesantemente con sus líneas, colores y texturas. Y más, con sus imágenes que pueden hasta sernos tan ajenas pero que, vistas y bien vistas, ya hacemos nuestras para siempre.

El pintor Esteban Álvarez-Buylla que conocí una noche hace ya ni sé cuantos años es muy otro al de este día, el que nos regala esta estupenda colección de obra. Sabía pintar cuando lo conocí, pero a partir de ese encuentro y lo que hablamos se puso a aprender, siempre siendo su más estricto maestro y bien dispuesto a escuchar buen consejo y a pintar. Y aprendió a hacerlo de otra forma y manera y no puede ser mejor su obra. He seguido por años el quehacer de Álvarez-Buylla y lo celebro e, igualmente celebro sus gallos, figura por antonomasia de la plástica cubana. Es pintura dura. Obra con fijeza de siempre.

MARC ANDRIES SMIT: LA VIGENCIA DE LA TRADICIÓN

Al paso del tiempo, en buena medida, el lenguaje del arte ha devenido enigma o disparate. Las causas de esa aberración son varias. Entre otras, y muy relevantes: el que el mundo del arte está plagado de mediocridad; la gravitación que sobre ese mundo ejercen espurias agendas políticas, económicas, académicas y críticas; y, finalmente, el desconocimiento de los valores y constantes de la creación, su desprecio y su tergiversación.

En ese desbarajuste, la tradición −que no es pasado deleznable, sino piedra miliar de la continuidad hacia el futuro− ha sufrido y sufre demoledores embates. Esto se traduce en no saber ver y valorar la obra cuya apariencia pueda vincularse a la denostada tradición y, no menos, la enormísima estupidez de ignorar que en el ámbito de la creación, la ruptura es expresión de reafirmación y continuidad renovadora.

La obra del escultor cubano Marc Andries Smit puede servir de ejemplo idóneo a mis reflexiones. Hijo de padre holandés y madre cubana, salió al exilio siendo un niño. Esto significa que el totalitarismo castrista le arrebató las vivencias entrañables de la infancia y la adolescencia que nutren a un creador, aunque, quede por sentado, la distancia y el extrañamiento nos hacen decantar y precisar los signos de nuestra identidad. Ese proceso de encuentro con su identidad cubana y su final entrega a ese signo, sin dejación del rigor del pensamiento holandés que alienta en su sangre, comenzó a cristalizar en el artista desde que, a los 12 años, se inició en la escultura con Juan López Conde, quien fuera profesor de esa disciplina en la Academia de San Alejandro, en La Habana, y, años después, con Ramón Lapayese, pintor y escultor español que fue uno de los artífices del monumento del Valle de los Caídos, en España. ¿Lo demás? Al margen de las cosas que hay que hacer para vivir con decencia, ir acopiando ideas, imágenes y certidumbres sobre Cuba, su esencia y posibilidad y, en ese caudal, sobre la escultura. No menos, alzar el oficio, algo que, también, demasiado gato por liebre que pasa por creación, ignora y desacredita con la agresiva tenacidad de lo mediocre.

De esta suerte, Marc Andries Smit, cuando en su patria todo, y tanto el arte escultórico, se destruye, saquea, degrada y prostituye, se ha empeñado en preservar en el exilio ese patrimonio y hacer que su latido renovado trascienda de este lado del mar. De ello dan cuenta mayor su busto del Apóstol José Martí en la Plaza de la Libertad, en Coral Gables. Inaugurado en el centenario de la instauración de la República, ese monumento trasciende lo cubano que lo define y plasma la fructífera razón y relación en el siempre histórico de lo hispanoamericano y lo norteamericano. En esta dimensión en que confluyen la urgencia y pasión cubanas con la gravitación de universalidad, no puede dejar de mencionarse, entre otras piezas, su busto del Padre Félix Varela, en la Ermita de la Caridad. Muchas son las obras que en este espíritu ha entregado al público dominio Marc Andries Smit.

Todas exaltan a la cubanía hacia su pendiente posibilidad. Todas son expresión de la devoción del artista —y devoción es continuidad en el espíritu de la visión y factura en que se adunan el siempre y su reverso más allá en el tiempo— por creadores como Praxiteles, Miguel Ángel, Rodin, el costarricense Zúñiga y el maestro cubano Juan José Sicre. Son, por supuesto, singular resultado de un arte combinatorio en que confluyen lo europeo, el espíritu indígena americano que alcanza su rango mayor en lo precolombino y los dones de la arqueología que hace patrimonio y deslumbramiento de los paisajes cuyas entrañas desentraña. Ese todo como latido sirve para fijar la versión de una imagen e identidad e, igualmente, para, a puro golpe de imaginación, ir del humor a la ironía y a la celebración. En buen romance: la vigencia de la tradición que es esencial para Marc Andries Smit y su ascendente escultura.

BENCOMO Y EL ESPEJO DE LA NATURALEZA

En una de las copiosas páginas que he dedicado al pintor Mario Bencomo, afirmaba que la inteligencia era anclaje de su obra. Que la calaba desde su lanzamiento y determinaba tanto su visión de la imagen que llevaría al lienzo, como los mecanismos de la ejecución. Y más importante, que era catalizador y precipitado de su filosofía, de su estar en y ante el mundo. Los años me han dado la razón con esta pintura en ascenso desde los núcleos de sus definiciones, entrevistos e iluminaciones.

Esa inteligencia —que no es, como tanto prolífera actualmente, simple pirotecnia de la mediocridad para encandilar la mediocridad— siempre se ha volcado sobre el absoluto de la naturaleza. La ha observado, sitiado, invadido y trascendido desde ella misma con un doble afán: la exaltación tan apasionada como lúcida de su incesante belleza y la implícita declaración, en cada pieza que sale de manos del artista, de salvar ese universo comprometido.

En la actual nómina de los pintores cubanos cuyo quehacer es firma de estilo que dilata el rico espectro de la plástica de la Isla, Bencomo se define como un creador dedicado a reinventar la naturaleza desde la magnificación del detalle, la exaltación de la forma y la celebración del color. Sus cuadros, aunque hagan referencia explícita a un elemento de esa naturaleza que le fascina, no son reproducción, calco de ese elemento, sino reelaboración de su arquetipo para, sacándolo de su contexto propio, hundirlo más aún en su horizonte y hacer que el observador de la obra se comprometa desde lo preciso con lo máximo.

La exaltación del detalle en la pintura de Bencomo parte de su inteligencia de la delimitación de la forma, que siempre precisa desde lo negro decisivo hasta lo que, desde ese color de tiniebla, levanta la luz y su dibujo de lo real con la fascinación de lo caleidoscópico. Así, sus cuadros son un poderoso testimonio en que lo palpable del color se hace hondura, latido de lo final desconocido que nos falta y que está comprometido por nuestra insensibilidad ante la realidad. Abiertos como el espacio que fijan, precisos, suntuosos, tan evidentes como llenos de misterio, los colores tienen en su materialización tanto de la astucia del artista hecho como de la inocencia pueril que descubre lo intacto de lo blanco y el arco iris del color.

De esta suerte, la pintura de Bencomo se define a sí misma como un estallido de fijeza en que el dibujo es color, y color y dibujo son forma en función de una belleza que idealiza a una naturaleza incesantemente idealizada. Porque es necesario subrayar que desde la rica poesía cubana que nutre en vivencia oblicua esta obra, Bencomo es, como todos los creadores de la Isla, una criatura de doble e inseparable esencia: un ficcionador y un realista. Y eso, desde el entorno cultural en el que se inscribe el artista, no se cumple necesariamente en sentido lineal. Por lo que lo real puede ser la ficción, y viceversa.

Esa singular, insólita y, sin duda, única cualidad nutre a esta pintura no sólo de la legítima preocupación contemporánea de preservar a la naturaleza para preservar nuestra propia existencia, sino también la hace trascender los modelos establecidos de representación de esa naturaleza, dándole un discurso —otro posible discurso— con la pulsación de nuestro tiempo.

No tiene Bencomo limitación en su posesión del paisaje y tampoco tienen sus paisajes la servidumbre de precisiones insalvables. Porque estos cuadros en que la naturaleza es concentración y expansión son, con la misma intensidad, pura pintura que se justifica en sí misma, como debe ser. Esto les otorga su plena vigencia estética y testimonial, que es la añadidura.

Siempre que veo una obra de este artista tan puntual en su quehacer, tan volcado en la profundización de su propio discurso y, sí, de obra tan sosegada como vibrante, pienso que soy testigo de algo esencial. Es la sublimación del prodigio. Es el de la naturaleza. Bencomo la domina desde su periferia y su almendra. Le devuelve su latido original que es deseo de permanencia. Desata su belleza. Y esa belleza se hace espejo de sí misma en el siempre de un instante en el tiempo que es un cuadro.

CUNDO BERMÚDEZ: UNA VIDA DE ARTE

El paso del tiempo, que puede ser tan espléndido como terrible, hace de Cundo Bermúdez una de las dos figuras sobrevivientes de la constelación de artistas plásticos que, desde la irrupción seminal de Víctor Manuel en el panorama artístico de la Isla, a la que siguió la de Carlos Enríquez hace ya más de ocho décadas, abren una nueva senda y posibilidad al arte cubano. Un arte que impondría sus calidades, contemporaneidad y universalidad en los años 40 y 50. El otro pintor es José María Mijares. Ambos, exiliados, residen en Miami.

El Lowe Art Museum, de la Universidad de Miami, en Coral Gables, celebra la vida, trayectoria y quehacer del creador con la exposición «Cundo Bermúdez: Una vida de arte». La muestra es una retrospectiva que abarca más de sesenta y seis años de labor y sus curadores fueron el coleccionista Mario Amiguet y Teresa Callava. Ambos han reunido más de 50 piezas realizadas por el expositor entre los años 40 y los 90. Estas provienen de colecciones privadas y públicas e incluyen dos obras mayores del artista: «El balcón», de 1941, y «La barbería», de 1942, ambas pertenecientes a la colección del Museum of Modern Art (MOMA), de Nueva York.

Esta es quizás la muestra más definidora del trabajo del artista a lo largo de su vida y permite al visitante observar como su labor ha evolucionado hasta alcanzar la diafanidad, limpieza y concentración que la caracterizan actualmente. En este sentido, Amiguet manifiesta en su «Dedicación» que «Nunca habíamos tenido la oportunidad de ver cuadros de tan alta calidad artística creados en cinco diferentes décadas, incluyendo obras que jamás habían sido exhibidas para el deleite de los seguidores y amantes de su creatividad». Esta es una pintura que se ha ido decantando a sí misma hasta quedar en una esencia en que hay tanto hieratismo, elegante estilización, regusto por el uso del color y un indudable potencial decorativo a partir de la abstracción del tema abordado.

El artista, nacido en La Habana, en 1914, es prácticamente un autodidacta. Tan sólo estuvo dos años en la Academia de Bellas Artes de San Alejandro, en la que se matriculó en 1930. Tras presentar varias muestras en la capital cubana y participar en exposiciones claves en el desarrollo de la plástica nacional, como la «Primera Exposición de

Arte Moderno», en 1937, viaja a México, donde estudia en la Academia San Carlos. Esa época está marcada por la preponderancia de artistas como Diego Rivera, José Clemente Orozco, David Alfaro Siqueiros y Rufino Tamayo, que desde su visión de lo autóctono en todas sus posibilidades, influyen en Bermúdez y en sus obras volcadas sobre la cotidianidad de su patria. Esa influencia tocará a otros creadores cubanos de su época, al igual que a un enorme sector de la plástica latinoamericana. En el caso de Bermúdez, esa influencia alcanza la excelencia en las piezas que exaltan la arquitectura, el ritmo de vida de la gente de a pie, el ambiente y ese juego de las formas y volúmenes que será clave en esta pintura y que encontrará su apoyo en el uso del color en toda su pureza.

Es indudable que Bermúdez –que ha realizado su obra en dos paisajes fundamentales, Cuba y Puerto Rico– va dejando atrás deliberadamente la influencia mexicana y también lo que podríamos designar como una figuración realista para adentrase en un mundo de formas y colores en que la imagen y el tema han sido llevados a una condición de estirpe metafórica. No hay en este artista el menor afán de apegarse a la realidad. Lo que evidentemente procura es establecer un distanciamiento en que el motivo de cada pieza valga por sí mismo y, a la vez, sea capaz de proyectarse más allá de un posible imaginario nacional, de un caudal de discursos plásticos cubanos, e insertarse en un espectro de universalidad.

En este sentido, el galerista José Martínez Cañas afirma en su introducción a la muestra: «De 'lo cubano' en la obra de Cundo se ha escrito mucho, pero debemos preguntarnos por qué su obra trasciende todo esquema encaminado a encasillarlo dentro de un espacio o grupo y tiene su obra una especie de intemporalidad curiosa, cosa que atribuyo al enorme acervo cultural de este artista». Esa perspectiva la completa el galerista señalando: «La visión de Cundo nunca ha sido literaria y siempre ha estado desnuda de toda anécdota. La placidez de las situaciones que observamos en sus obras reflejan una realidad simplificada imbuida en un mundo de color, donde a partir de un dibujo que forma la estructura de la obra, la imagen se sumerge en una situación predeterminada».

Han pasado muchos años y cosas desde que Bermúdez participó en una de las exposiciones más importantes del arte cubano en toda su historia, «Modern Cuban Painting», en el MOMA, en Nueva York. Ahora su obra ha llegado a los máximos de la estilización. Como consigné hace ya tiempo, el pintor asegura que siempre pinta a los mismos personajes porque con una sola línea se puede llegar al infinito. ¿Su fórmula? ¿El secreto de la riqueza de colorido y forma de sus figuras? Nunca olvidó su respuesta a esta pregunta. Fue: «Todo lo hago a lápiz. Hago las figuras desnudas y después las visto».

Quizás ese sea un factor en el aspecto ornamental, decorativo de su obra. No podemos olvidar su fascinación por el arte egipcio y por los frisos. Esa capacidad de síntesis y ese sentido de la pintura como elemento clave que enriquece el entorno alcanzará su máxima expresión cuando en el Performing Arts Center, actualmente en construcción, se instale su mural «Ways of Performing».

En buena medida ese mural es una obra de síntesis, de celebración de la vida y el teatro y la música que lo fascinan, y, también, una cristalización de una aventura estética que hace del pintor una figura principal del arte cubano. Le ha dedicado su vida.

ORLANDO CABAÑAS: EL ENCANTO DE UN SECRETO

Cada día que pasa pienso más que la creación, por encima de su natural misterio, participa del secreto. Una participación que muchas veces tiene que ver con la suerte y, otras tantas, con factores completamente ajenos a la suerte, aunque de alguna manera tocados por ella, entre los que figuran los intereses. Y al decir intereses se pueden enumerar muchos y, no siempre, los mejores.

Hay creadores con los que la suerte no ha sido dadivosa. Algunos de ellos con una obra de primer orden. ¿Razones? Entre otras, torcidas agendas críticas, políticas, económicas y, por supuesto, el hecho de que no sigan las reglas del juego en boga. También la falta de sensibilidad. Lo que en otras palabras quiere decir: total independencia creativa y, con ella, la voluntad de aceptar hasta sus últimas consecuencias, manteniendo la pureza de su quehacer, las consecuencias de las más adversas.

Y aquí debo hacer mención de tanta creación mediocre, subalterna y oportunista que ostenta un rango protagónico en el mundo del arte. Un mundo que, a comienzos de un nuevo siglo, tiene un movimiento pendular en el que mucho se ha olvidado la devoción por el oficio, que ha sido sustituida por tanta obra que apenas merece ese nombre y que es pura complacencia a la mediocridad. Entre esos creadores tan injustamente marginales y marginados se cuenta el pintor cubano Orlando Cabañas, que inaugura una exposición de sus cuadros más recientes en el espacio de One Brickell Square, de Miami.

La pintura de Cabañas se caracteriza por ser tan espléndida en elementos y color como por la serena belleza que comunica. El adjetivo que mejor califica a sus cuadros es encantado. El artista, un hombre sumamente cortés y reservado que consolidó su formación en México y España, pertenece a esa categoría de creadores que plasma un mundo propio en que la realidad se une a la fantasía en función de una serena plenitud y armonía, de una belleza primigenia.

Esta es una pintura que capta tanto la plenitud de una intemperie en todos sus esplendores, como extrae de la intimidad el latido de un espacio ideal. Tanto los cuadros en que el paisaje es el entorno central como aquellos que un recinto parece convertirse en todo el mundo, despiertan en quien los observa la nostalgia de un tiempo y un espacio mágicos en que la existencia ha alcanzado toda la plenitud de sus dones.

Esos dones llegan a sus máximos en las figuras femeninas de Cabañas. Son mujeres tan bellas como rotundas, cuya imagen asociamos con una versión literaria idealizada de la mujer de los remotos mares en que un Gauguin pudo encontrar la razón de su obra mayor. Son la mujer fascinante plasmada en la máxima novela del inmenso Joseph Conrad, su *Lord Jim*.

El pintor presenta siempre a sus protagonistas en medio de una naturaleza que las acaricia, a la vez que hace de ellas la personificación de una caricia suprema, de una invitación a la dicha, lejos de todas las servidumbres de la civilización, en un espacio en que la exuberante naturaleza destierra la pesadilla de todas las miserias de lo urbano.

Si bien estas mujeres espléndidas de piel morena y ojos enormes de intensa mirada se convierten en punto focal de la pieza, es sumamente importante, para el cuadro, aquello que las rodea, Es una naturaleza exuberante en que las plantas, las flores, las frutas y las aves más lujosas se convierten, desde su valor plástico, en culminación de la obra. Es algo bien evidente en el lienzo «Amorosa Madre Tierra», en que una de esas mujeres ofrece en su vestido un caudal de frutas exóticas.

Vuelve a aparecer la mujer, con la misma serena sensualidad y en ambiente semejante, en la obra «Doña Flor y sus palomas». Es decir, lo femenino y la naturaleza se constituyen en absoluto de dicha, belleza y armonía a partir de su fusión. Esas protagonistas, a pesar de su idealizada pertenencia a un mundo real en su casi realidad, son, como ese mismo mundo, representaciones arquetípicas de una narración, de una ficción que elabora constantemente el artista como respuesta a lo hostil de otras realidades.

La minuciosa pasión por el detalle en las figuras, las plantas, las frutas, los animales que es patente en esta pintura, es producto del constante estudio que realiza el pintor de la fauna y la flora. A partir de esa minuciosidad, el artista es capaz de crear, como vemos en «Naturaleza encantada #2" un paisaje ideal que se sale de un ámbito geográfico específico y no deja de comunicarnos la imagen nostálgica de la naturaleza cubana.

Esa cubanía que podía llamar subliminal en parte de estos lienzos, se concreta con lujosa abundancia en cuadros como «Vitral», un interior cubano centrado en una mesa barroca sobre la que hay una cesta en que se multiplican las frutas como un regalo a la vista y al gusto. El ambiente del recinto, con un piso de elaborados mosaicos típicos de la casa cubana, se encuadra frente a un balcón al que se accede pasando bajo el encaje de un medio punto de ricos colores, abierto a la diáfana serenidad del cielo.

Las obras de Cabañas, minuciosamente realizadas hasta el acabado impecable, tienen un lugar propio en la plástica cubana. Corresponden, desde el oficio del artista, a una concepción y ejecución tan fantástica desde su realidad como supraprimitiva en su planteamiento y quehacer. El artista logra en ellas la magia de dar a su oficio toda la ingenuidad posible para, desde ella, plantear unas imágenes caladas de un fuerte contenido onírico. Y no hay contradicción en los términos cuando se pinta como él lo hace.

Esta exposición que regala la belleza de la imagen, el lujo de la armonía, la sensualidad de la figura, la elementalidad de las cosas y la exuberancia de la naturaleza es una definitiva declaración de la mágica maestría de un edificador de mundos encantados que no cesa de soñar con su latido tan en secreto.

II. UN POEMA PARA EL MAESTRO ORLANDO CABAÑAS

Su frugal existencia es casi un secreto.
Carece de biografía en la ciudad sin historia,
cercenado de sus deseos, recuerdos y paisajes.
Pero suyo es el sueño último
que trasciende las bochornosas paredes que limitan,
el viaje prodigioso. Su mirada silenciosa conoce
el sitio que nos ha sido vedado
y que reinventa laboriosamente en la noche.
Allí es la belleza elemental y definitiva de la mujer,
la plenitud del paisaje íntimo en su inmensidad,
el abrigo de la desnudez que depara la dicha
porque no demanda explicaciones,
inocente más allá de la inocencia.
Solitario es su sueño de precisos detalles
y exuberantes colores destilando la calma,
las cosas como deben ser.
Inmóvil casi junto al mar inmóvil,
se diría invisible. Su suerte
es reivindicar desterrado la belleza de la eternidad.

HUMBERTO CALZADA: DESDE LA LUZ AZUL

Muy pocos entre los pintores cubanos contemporáneos han alcanzado una madurez creativa tan plena y armoniosa como Humberto Calzada. Esa madurez es cristalización del ascenso y destilación constantes de un discurso que, desde inicios de la carrera del artista, estableció la definición y posibilidad de su sentido y espectro. Ambos se dilataron a la vez que el oficio del creador alcanzaba los niveles máximos en las calidades de la ejecución. A ese ejercicio de complementarios se debe algo que señalé en una ocasión y que el paso del tiempo me confirma: Calzada ha destilado una imagen definitiva de la singular tangencia entre lo real y lo arquetípico cubano desde el prisma de la casa.

La nueva exposición del pintor, «Cuba: La hora azul» –que presentan The Institute for Cuban and Cuban-American Studies y The Lowe Art Museum, de la Universidad de Miami, en la Casa Bacardí, en Coral Gables–, entrega una variante en las perspectivas de visión e intención en el quehacer del artista. Su punto de irradiación es la luz, su misterioso tránsito. Muy precisamente ese momento vertiginoso como espejismo en que se pasa del atardecer a la noche, en que el azul deviene penumbra. Desde esa entrada en una nueva dimensión de sombra, la muestra puede considerarse como una reflexión en que la memoria, la nostalgia y el sentido de la pérdida se entrecruzan como una suerte de evocación dominada por el esplendor de la casa cubana y el paso del tiempo marcando la presencia y la ausencia.

En la presentación de la exposición, su curador, Jesús R. Rosado, manifiesta: «Calzada hace de la hora azul, más que un tema, un recurso de la paleta para adentrarse en el persistente sentimiento de pérdida que provoca el desarraigo. Una vez más hace ejercicio de la poética de la soledad y de la añoranza y lo hace con la mesura, con la distinción señorial que caracteriza su obra. Es el pintor que sobrelleva sus dolores y sus obsesiones con dignidad».

Los trece cuadros de la muestra, realizados en su totalidad este año, salvo el lienzo «Nido de conspiradores» (2000-2003), desde su aplomo principal son expresión de una melancolía tan personal como participable. Otra vez la dualidad martiana sobre la identidad al afirmar que tiene dos patrias, Cuba y la noche, cobra vigencia en el conjunto. Desde la obra que es imagen estricta de lo nocturno hasta la imagen que es su reverso. Un reverso que, sin embargo, está sujeto al transcurso de las horas que desembocan en la noche. En ese conjunto tan fraguado, en ese espíritu, cuatro piezas integran la serie concebida como «Homenaje a Sindo Garay».

El cuadro «Penúltima morada», que se identifica como «Homenaje a Lydia Cabrera», puede considerarse la pieza de resistencia de la colección. La casa arquetípica que nos entrega el creador, ceñida por la visión impuesta por un ojo de buey que, singularmente, crea un efecto de distanciamiento, de sitio inalcanzable, es ese lugar en que siempre se quiso o se debió estar. Y es en mucho ese sitio que, desde la evocación de la gran escritora cubana que murió en el exilio, alude con refinamiento a las demasiadas muertes de cubanos que nunca pudieron regresar a su patria, a sus cosas, tan siquiera verlas por última vez. A pesar de lo trágico de la intención, no hay sentimentalismo en la obra. La pieza está dominada por un latido patricio. El detalle en lo arquitectónico se subraya en todas sus posibilidades y también hay una natural presencia del mobiliario criollo. Memoria, nostalgia y pérdida confluyen en esta imagen que se cumple en el reverso de lo posible.

Si hubiese que compartir el protagonismo en la colección, sin lugar a dudas «La hora azul» figuraría en el rango de «Penúltima morada». En este lienzo de idénticos niveles en todos sus aspectos, Calzada nos entrega un adentramiento en la casa cubana. En mucho, la imagen es una evocación de un espacio que despertó la memoria del artista. En la obra, donde también se enriquece el detalle de lo arquitectónico, el pintor da relevancia a los objetos. Unos objetos que puede decirse son consubstanciales a esa morada cubana arquetípica. Vemos la regia consola, el reloj sin manecillas, una metáfora de lo que constituye esa Cuba detenida en el tiempo. Un tiempo que puede ser ya puro sueño, deseo o consumación. Siempre pendiente posibilidad.

La luz azul, o su fatalidad, domina el conjunto. Esto se plantea por contraste en cuadros como «Las aves pueden volver al nido» y «Si tantos sueños fueron mentira». Ambos nos enfrentan al paisaje desde un interior cubano. El primero tiene la iluminación del atardecer y el segundo la luz de la noche. Es posible imaginar el vuelco de luces y de colores, tan especialmente el azul, en un instante. Es inevitable reparar que la noche tiene una belleza que puede, como un ángel rilkeano, ser terrible. Así, ambas piezas siguen desarrollando los juegos de la memoria, la nostalgia y la pérdida sometidos al paso del tiempo.

Cuatro cuadros componen la serie homenaje al mítico músico cubano Sindo Garay. Hay un matiz que debe subrayarse en estas obras, al igual que el enriquecimiento expresivo por el mobiliario y las metáforas que son materia del conjunto. En estas piezas, el paisaje, que en Calzada siempre ha sido complemento de su centro arquitectónico, del entorno doméstico, toma fuerza. Cobra un nuevo rango sin salirse de lo emblemático y arquetípico con que siempre lo ha plasmado el artista. Esto constituye, sin lugar a dudas, un enriquecimiento de su discurso plástico. Así, la memorable estrofa de la canción «La tarde», con su incorporación de primer rango del paisaje, en su versión diurna y nocturna, completa en la muestra la grandeza y delicadeza del entorno cubano, de la casa y del paisaje para la casa.

En estos nuevos y espléndidos cuadros de Calzada, la luz azul, ese instante vertiginoso, casi espejismo, cobra sentido de fugacidad en lo real y de eternidad en las dimensiones de la memoria, la nostalgia y la pérdida. Estas pinturas, obra mayor de madurez, son una destilación de un esplendor y una tragedia. De presencia que devino ausencia. De certidumbre de tiempo perdido y deseo de un tiempo que se constituye en fijeza y armonía. De alguna manera, la serena, señorial belleza de esta colección se ha convertido en la carnalidad de lo que evoca como en un sueño. Es algo propio de la obra mayor. De la poesía de la pintura de Humberto Calzada. Siempre en la hora azul.

ARCADIO CANCIO: LA IRREALIDAD DE LA REALIDAD

Vísperas de un nuevo siglo, el arte cubano atraviesa por un tumultuoso momento de definición. Este parte del copioso y complejo catálogo de propuestas de la plástica actual y de la situación en que ese arte se desarrolla. Por una parte, está el que se realiza en la Isla tiranizada desde hace cuatro décadas y, por otra, el que se concreta en el exilio.

El primero está determinado por las políticas del régimen totalitario imperante. Estas comprometen la libertad creativa y establecen, sutil o declaradamente, lo que puede o no hacerse. Hay allí, por supuesto —siempre ha existido—, obra que asume el riesgo de su esencia libérrima, y rompe con el sistema. También cuánta obra que, con ademanes de ruptura, no lo antagoniza desde su autenticidad.

En esto influye de manera decisiva la astucia propagandística del castrismo. Este no escatima ni esfuerzos ni costos, tratando de mostrar al mundo una apertura, una libertad y una tolerancia desconocidas hace pocos años. Es su nueva mentira. Ahora, la agenda de esa campaña es impulsar e imponer una creación, en cuántos casos plásticamente deplorable, que se presenta como desvinculada de la política. Esta, porque cuenta con el respaldo del régimen, se beneficia de algo que carecen los creadores exiliados: apoyo, promoción, difusión y gratificaciones que sólo son posible cuando existe un respaldo estatal, sea éste de índole totalitaria o no.

En el exilio, por otra parte, los creadores se ven sujetos a un total aislamiento y falta de respaldo que —con la injustificable complicidad de culpables sectores de la academia, la crítica y los elementos involucrados en la comercialización del arte— los sitia inermes, conspirando contra su proyección. Así, los éxitos de los artistas exiliados participan de la naturaleza del milagro. Son tanto producto de la resistencia como de la excelencia indiscutible.

En ese entorno —y subrayo que hay arte cubano del mejor en la Isla y en el exilio—, está en juego la definición de lo que constituye, a partir de los territorios de la imagen, lo más esencial de la identidad nacional. En ese campo coexisten lo coyuntural y lo permanente. De esta suerte, el debate sobre lo cubano en el arte debe considerarse desde dos posiciones básicas que tienen su fundamento en la más estricta calidad.

Una de esas posiciones clave tiene sus centros en la elaboración de lo arquetípico cubano en sus distintas posibilidades de encarnación –lo que constituye un factor básico de universalidad–. Otra, en una oferta en que el peso de las posibles imágenes cubanas está dado por una propuesta creativa que se inscribe en un territorio expresivo por encima del origen y la expresión.

En ese espectro y en el exilio, hay un pintor que encarna la continuidad del espíritu nacional con su obra cuajada de tan fijas como inéditas imágenes emblemáticas cubanas. Es Arcadio Cancio, que inaugura el viernes en Carolina Art Gallery, de Coral Gables, su exposición «La irrealidad de la realidad».

Cancio, a quien hace años califiqué como legítimo heredero y fecundo continuador de lo mejor del espíritu de la unánime y plural «escuela de La Habana», es un pintor que parte en la formulación de su obra, de la elaboración de su memoria cubana. Lo hace, paradójicamente, desde una barroca reconstrucción de lo que llamaré una ficción. Esta emana de una realidad ofrecida y calada de elementos de una diversidad que el creador logra destilar para establecer un territorio visual, cuya vigencia radica en la fijeza de una figuración tan abierta como fiel al detalle y al entorno. Así, plasma en sus lienzos ese *más* que asumiremos desde la gravitación del paisaje interior y exterior cubanos.

Los cuadros del pintor, caracterizados por la densidad de sus elementos, los laberintos de sus composiciones, el dibujo que reconfigura las formas para exaltar sus magnitudes y dotarlas de nuevas significaciones, y una rica paleta vertida en la creación de los movimientos del espíritu de sus personajes, destellan con un latido poético de esencia elegíaca.

La visión de lo cubano que tiene el artista se fundamenta en la intimidad. El grueso de su producción gira en torno a unos personajes femeninos cuya existencia se cumple en unos ricos interiores, en que los elementos de la residencia modélica criolla los protegen y aíslan de una realidad cuya metáfora es la cegadora luz que todo lo difumina casi hasta la invisibilidad.

Estas mujeres las eterniza Cancio en esa sombra amable y acogedora que el cubano supo formular a través de la ornamentación de los cristales de colores en disposición geométrica –los fabulosos arcos de medio punto–, las recatadas ventanas francesas, unos muebles ornamentados hasta el punto en que la belleza roza con el delirio, y la maravilla de unos delicados adornos de estirpe europea, cuyas caleidoscópicas tonalidades decretan el lujo de una fiesta interminable.

Las protagonistas del artista sobresalen en su elegancia o su desnudez en ese escenario. Son mujeres silenciosas cuyo hermetismo guarda infinitas y complejas historias. Una crónica de vivencias en que alienta lo personal y lo que trasciende el recinto en que parecen aguardar un acontecimiento o ya se han entregado a la inmutabilidad del destino. Como siempre en la gravitación de lo no escrito del acontecer cubano, esas mujeres encarnan la resistencia, la serenidad, la entrega, lo más diáfano y permanente de lo que somos y, a su vez, albergan la posibilidad de aquello que debe ser.

En esta nueva etapa de su creación, Cancio ha comenzado a explorar el exterior. Lo hace en cuadros en que se plasman apretadas ciudades, casi siempre pintadas en un color que el artista utiliza como dibujo que precisa en sus matices, en el marco de una ventana que se abre a un mundo tan conocido como cuajado de incógnitas. Esa proyección a la intemperie física la hallamos igualmente en unas exuberantes selvas tropicales en que la mujer se funde con la vegetación, o en un desierto paisaje urbano en que se constituye en el único símbolo de vida.

Y tanto en los interiores como bajo el cielo, hallaremos en casi todos estos cuadros la figura de un pájaro que el artista ha convertido en una de sus firmas de estilo. Ese pájaro en un universo en que todos los elementos, por encima de su forma de representación, obedecen a la lógica del estar, se me antoja que figura la libertad bajo la especie de un absurdo sui generis que vibra en un punto del espectro de lo esencial cubano. De igual manera, lo interpreto como una suerte de juego del artista. Como su forma de asegurar que aquello definitivo de la realidad que plasma, tiene finalmente la vibración de esa ingenuidad y tremendismo surrealistas en que de alguna forma desemboca todo lo nuestro.

Estos cuadros pueden verse como espejos. Las tan densas como hialinas imágenes que reflejan vienen de una otredad, de un siempre en que radica lo cubano cuando toca fondo. Son el diálogo y el silencio compartidos. El secreto incomunicable y la elocuencia incontenible. La soledad y la solidaridad. La permanencia, el sueño y el deseo. La pisada de la ausencia en el corazón. Los laberintos del estar. La memoria de lo por venir. El dolor, la dicha y la incertidumbre. La belleza como secreto a voces. Un entrevisto de eternidad. No menos, el paso del tiempo que, de alguna manera, no pasa y se convierte en tiempo ideal.

Pueden hallarse aislados signos semejantes en la actual pintura cubana. Son datos en el conjunto. Pero su unánime confluencia de poderosos e increíbles contrastes en la acabada y poética obra de Cancio, crea tanto una singular como inconfundible imagen cubana en que nuestro espíritu se proyecta definitivo. Desde su cubanía de la mejor ley, su oficio e imaginación, Cancio pinta ese enigma y esa certidumbre que es Cuba y lo cubano esencial. Es la irrealidad de la realidad.

LA OBRA MONUMENTAL DE MANUEL CARBONELL

En los numerosos ensayos y aproximaciones críticas que a lo largo de los años he dedicado al maestro Manuel Carbonell, cuya reunión formaría un libro, siempre he exaltado dos características centrales de su quehacer que se conjugan y encarnan en obras excepcionales. Son, por una parte, su acabado conocimiento y refinado sentido de la anatomía y su capacidad de fusión sublimadora de ambos en razón absoluta de expresividad y, por otra parte, su monumentalidad. Esta es tan real en un significativo número de obras de gran envergadura física realizadas en décadas de fecunda labor, constante desafío creativo y una extraordinaria obstinación que le ha llevado a superar toda suerte de adversidades –para él crear es la más poderosa razón para vivir–, como inherente a cualquiera de las esculturas de su copiosa producción.

La monumentalidad, es esencial subrayarlo, no es y nunca puede ser exceso. Llevar cualquier cosa más allá de sus dimensiones reales no la exalta ni le otorga la categoría de lo excepcional. De hecho, ese desdibujo volumétrico puede desvirtuar el sentido y esencia de lo que busca magnificar. La escultura es confluencia de anatomía y forma. En su labor escultórica, el maestro Carbonell lleva la anatomía a supeditarse a la destilación de la forma. Este es un proceso que formalmente tiene la precisión de la mecánica estelar. Su definición es lo que permite al artista el hacer que su escultura encarne con la poderosa evidencia y gravitación de la monumentalidad o que, en dimensiones menores, sea un latido en que alienta constante la potencial monumentalidad.

El registro temático de la obra de esta figura mayor de la escultura cubana y latinoamericana, que desconoce la diferencia entre el arte clásico y el moderno, ocupa un espectro en que reconocemos temas dominantes: el indio, la maternidad, los amantes, el cuerpo humano, la danza, los animales, la naturaleza, la historia y sus protagonistas y lo religioso. Absolutamente todos esos aspectos han sido explorados y plasmados por Carbonell y han alcanzado su expresión definitiva en obras monumentales.

Se puede establecer el inicio cronológico de la monumentalidad en la obra de Carbonell en 1954, cuando obtuvo el primer premio de la Bienal Hispano-Americana de Arte, celebrada en Barcelona. La obra galardonada fue «El fin de una raza». Esa pieza, que se ocupaba de la extinción del indio cubano, fue anuncio y anticipación de una de las constantes temáticas del quehacer del escultor que, ya exiliado en Miami, acometería una serie de esculturas monumentales sobre los indios tequestas. Una de las más significativas expresiones de esa senda de su creación es el excepcional conjunto escultórico del puente de Brickell Avenue, en que figura «Familia tequesta», que combina el discurso histórico y la naturaleza, buscando establecer una identidad tanto cultural como geográfica. De igual suerte en ese espíritu: «El centinela del río», en Brickell Key. Es relevante precisar que en estas obras –al igual que en esculturas monumentales ejecutadas años antes, como «Madonna de Fátima», en New Jersey; «El águila del Bicentenario», en Washington; y «José Martí», en Key West, entre otras–, en que la concepción y estética de la obra tienen un esencial sentido narrativo, el artista muestra un apego a una depurada ejecución figurativa.

Un recorrido por la producción que, simultáneamente a su línea figurativa, ha realizado el escultor, nos muestra la incalculable capacidad del maestro Carbonell para llevar a la forma a los máximos de suprema estilización que le fascinan, sin que por ello merme o se desvirtúe la esencial identidad de la imagen plasmada. En las esculturas de estos últimos tiempos que se inscriben en este orden inscrito en los signos de la monumentalidad, el creador alcanza dar a la figuración, el espejismo y la impronta abstracta. Lo logra al resaltar las esencias inherentes a la figura o tema acometido. Ejemplos definitivos de esa cristalización de decantación y pureza de líneas, intensidad y una confluencia de fuerza y delicadeza, son obras como «Couple in Love», «Family Love», «Lovers» y «Torso».

La final elegancia, refinamiento y belleza que imprime este gran artista a sus esculturas son producto de varios factores. En primer término, de su pasión por el dibujo y de la importancia que le adjudica como absoluto fundamento de cada obra. Por otra parte, su constante estudio y profundo conocimiento directo de la historia del arte le ha servido para establecer en la andadura de los años, una firma de estilo que se incorpora al caudal del arte universal y lo enriquece. De extrema relevancia, su decantación de la anatomía. Esta determina en sus piezas más libérrimas que, al devenir arquitectura esencial de la forma desde una condición que podemos designar como diamantina, plasme desde el despojamiento, una exaltación de lo esencial y arquetípico de la criatura.

Algo que define de manera singular a la escultura del maestro Carbonell y que frecuentemente, cuando se considera la monumentalidad de cualquier obra se ignora o pasa por alto, es la capacidad mágica que logra establecer el artista entre la pieza y el observador. Ese vínculo es producto, más allá de lo imponente del tamaño y la belleza y la perfección de la obra, de la inmensa sensibilidad del creador para captar, interpretar y plasmar estados de ánimo, sentimientos y pasiones con una arrasadora sensibilidad y autenticidad.

En la obra monumental de este grande se resume y exalta –en un tiempo en que la creación padece en mucho, entre tantas otras cosas, el haber olvidado y despreciado su esencia, razón, proyección, destino, valores y, tanto, el deber y los dones del oficio– ese estandarte de la maestría que aduna –fraguando desde la intimidad de la grandeza, la grandeza de la intimidad– lo esencial de la belleza y su *más*. La monumentalidad del maestro Carbonell es la misma monumentalidad del tiempo que es materia de sus bronces y es la más definitiva celebración de la fuerza, el movimiento, la fijeza, la delicadeza, el éxtasis y el latido mismo de la existencia.

MARIO CARREÑO: EL LEGADO DE UN MAESTRO

La muerte del maestro cubano Mario Carreño en Santiago, Chile, el pasado 20 de diciembre de 1999, cuando apenas faltaban unos días para que concluyese el siglo, es el fin de una andadura estética que prácticamente abarca las tres cuartas partes de ese siglo. Su desaparición privó a la plástica cubana, chilena y latinoamericana de uno de sus protagonistas esenciales.

Alfredo Martínez Gallery, de Coral Gables, explora en la primera exposición homenaje que se rinde al maestro Carreño tras su muerte, las esencias de su rica y múltiple creación, uno de los legados creativos más importantes al mundo de la imagen contemporánea.

Desde su temprano protagonismo en la fundamentación y proyección de la vanguardia cubana en las primeras décadas del siglo, este grande fue simultáneamente testigo y partícipe excepcional del latido de la historia y de algunos de sus acontecimientos estéticos claves.

Así, su abundante, rica y diversa producción está tan centrada en el muralismo mexicano —que da fe, desde el reclamo histórico ancestral, de la necesidad de la revolución—, como en la carga de expansiva e incontrolada espontaneidad genésica de la poesía del sueño surrealista. Se nutre con la misma intensidad del espectro de las ganancias picassianas. Se compenetra con lo más puro de la abstracción y se abre llena de plenitud al espíritu de mundo clásico y renacentista.

Siempre proteico, Carreño sabrá también volcarse sobre sí mismo para depurar su propio inventario de imágenes y para dotar a la imagen de nuevas calidades. Así, desde su instalación en Chile, en 1957, decantará sus formas para plasmar una idealizada metáfora del paisaje tropical, de su lejano paisaje cubano.

A su vez, ese mismo pintor que colma de geometrizada sensualidad la obra bulliciosa de color, también se adentrará en unos lienzos sombríos que tienen su inspiración en lo más lunar del paisaje chileno, espejo negro de su preocupación sobre la posibilidad de un holocausto mundial.

Carreño enfermó en 1995 y ya no pudo pintar más. Su obra última fueron los retratos de sus hijas Mariana y Andrea. Así concluyó su larga carrera. Con dos retratos familiares que abren una pregunta de difícil respuesta: ¿Cómo puede definirse la carrera de ese prolífico maestro que en sus 86 años de vida dejó tan grande obra de tan diversa imagen y estilo?

Todo acercamiento a Carreño debe partir de la inteligencia de varios factores claves. Son su profundo espíritu poético, que volcó en su quehacer y le hizo amigo entrañable de grandes como Pablo Neruda. No menos su calidad como dibujante, que podemos igualar a su condición de supremo colorista. La conjunción de esos dones estaba naturalmente asociada a una enorme curiosidad intelectual y estética que le hacía intuir lo esencial del momento y sumarse a su trascendencia.

Esa intuición de Carreño es lo que, entre tanta actividad fundamental, lo hace abanderado de la vanguardia cubana cuando lo que predominaba era el dictado académico; lo acerca al caudal de la oferta plástica parisina de los años 40, que asume con increíble sentido de selectividad; lo constituye en una de las figuras claves de la Cuba de esos extraordinarios años 40 que, en su adentramiento a una nueva década, fundamentan el momento de mayor expansión y trascendencia creativas cubanas del pasado siglo.

En pocas palabras. Carreño siempre estuvo en el centro de los acontecimientos, de los cambios, del aporte, y en ese centro, su genio, creatividad, oficio y sensibilidad se tradujeron siempre en quehacer definitorio de una etapa y legado al futuro de un tiempo clave.

El supremo oficio y esencial sentido poético de Carreño, que son inseparables en la inteligencia de su quehacer, determinan que la obra de este maestro pueda verse desde la perspectiva de un espectro en que lo distinto –esa imagen o modo particular que para tantos otros artistas se convierte en lo definitivo y único desde la fijeza de sus posibilidades– se multiplica y constituye en lo fundamental sucesivo.

No hubo época, zona, imagen y modo expresivo que Carreño no conquistase. La provocación de lo diverso actúa en él como encuentro con lo final. Pero ese encuentro con lo definitivo de este empecinado testigo, protagonista e intérprete de su época y circunstancia, no tiene su raíz en la búsqueda, desde la maestría técnica y formal, de un protagonismo y éxito fáciles, de un discurso expresivo inagotable.

El carácter caleidoscópico de las singladuras de Carreño tiene como segura tajamar su espíritu clásico. Ese clasicismo domina imágenes de tan poderosa encarnación física como las de «Bembé en el monte», de 1943, en que el artista exalta la fuerza de los cuerpos figurando su movimiento.

Ese clasicismo duro, a ras de mundo, lleno de violencia, contrasta con una obra paralela de 1949, «Son tropical». Aquí, repitiendo el motivo del bailongo en medio del monte, en plena naturaleza, esa naturaleza y los que bailan se ven fijados en caleidoscópicos planos de color de cuajado geometrismo, de ligereza y evaporación que contrastan con lo dramático de «Bembé en el monte».

Es poco menos que imposible el pensar que esas dos obras –eso sí, tan exquisitamente bien pintadas y concebidas– hayan sido ejecutadas por el mismo pintor con una década de diferencia. Lo mismo ocurre con una pieza exquisitamente figurativa «Flores y frutas», una naturaleza muerta de 1943, y la depurada concepción de «Abstracción», de 1954. Así, por épocas, por etapas, por provocaciones. Siempre de manera magistral.

El legado esencial de Carreño es una suma imposible de igualar. Desde la gravitación de la poesía que fue algo central en la vida de este artista tan generoso como culto, su obra constituye la singular expresión de la diversidad de lo particular desde la convocatoria de lo universal en pos de una expresión cubana y latinoamericana. De igual manera, es testimonio permanente de una enorme curiosidad creativa e intelectual que supo establecer en zonas específicas de la creación un absoluto que respondía al latido del paso del tiempo.

En esa esencialidad definitiva de este grande, finalmente lo que cuenta es que hizo de forma suprema lo que sintió en cada momento como demanda expresiva, como búsqueda y encuentro, y suma y belleza y sentido. Y lo hizo como ya tan poco se pinta, haciendo de la pintura por sí misma el máximo apetecible, el canon de la perfección. Esa es la materia de las obras maestras.

II. EL VIEJO MAESTRO ANTE UNA RETROSPECTIVA IDEAL DE SU OBRA

(Mario Carreño)

Al final,
tanta vida por medio,
tanto que ya no es
y no será

y tantos que ya no están
para que la vida que queda
no sea pura extrañeza,
uno mismo
que ya casi se puede decir
que falta,
tan distintos,
todos los cuadros son iguales.

No importa el sitio
y el tiempo
en que se hicieron.

No importa la imagen
y su posibilidad
y su razón
y su encarnación
en el lienzo.

Tampoco importa,
finalmente,
el porqué se hicieron
de esa manera
—¿podían hacerse de otra?

Había que pintar
la época y el siempre,
la poesía del cambio
y la fijeza,
la belleza
que se reinventa constante
para que siempre
sea preciso buscarla.
¡Había tanto que pintar!

Y así, al cabo
de ya tan larga vida
pintando,
todos los cuadros
son iguales, tan distintos,

porque no son
otra cosa que pintura,
pura pintura,
que no hay más. Nada más.

RAMÓN CARULLA Y LA CÓLERA CIVILIZADA

He visto dos veces a Ramón Carulla, y aunque no hemos conversado mucho, me he dado cuenta que es simplemente un ser humano, que no está hecho de plástico, y que pinta por absoluta necesidad. Sus cuadros son una reflexión personal y, también, una invitación al diálogo. A una conversación que es tan necesaria como casi imposible.

En una conversación que sostuvo en enero de 1985 con Olga Nodarse-Chao, Carulla dijo:

> «... Pero mi trabajo no puede definirse con palabras. ¡Quizás soy un Jekyll y Hyde del arte, un cubanoamericano pero un pintor contemporáneo! Esa es toda una combinación, ¿sabes? Me permite expresar el lado oscuro que todos tenemos y burlarme de lo absurdo de todo... de todas las paradojas del ser humano. Estas cosas existen en el mismo continuo para quienes lo aceptan. Los griegos sabían que había una finísima línea entre la comedia y la tragedia. Puedes avanzar o retroceder, o puedes tenerlas a las dos al mismo tiempo».

En esa tierra de nadie de los helenos, Carulla trabaja con diaria puntualidad creando una imaginería que proviene de sus experiencias, de su memoria. Pinta a la gente que lo rodea. Seres atormentados, solitarios, curiosos, trágicos, intrascendentes.

En Carulla el tránsito del abstraccionismo a la pintura figurativa es, evidentemente, producto de una sensibilización ante la circunstancia que busca expresarse a través de la interpretación de los elementos que le rodean. Es un ejercicio expresionista en cuya fundamentación está el humor.

En una nueva reafirmación de su maestría técnica −que se manifiesta en un armónico dominio de los materiales más diversos y heterogéneos trabajados sobre papel y ceñidos por el óleo, Carulla está presentando en la Joy Moos Gallery una exposición de obras producidas a partir de 1986: la serie de los sofás y la serie de los rehenes.

Lo primero que es preciso hacer al visitar esta exposición es comprender la intención, el discurso que propone cada serie.

La serie de los sofás tiene su fundamento en la espera. En ese sentimiento de aislamiento que experimenta la criatura cuando se encuentra en una situación de inmovilidad, aguardando o, quizás más allá de toda posibilidad de llegar a algo, sea esto lo que sea.

En esa circunstancia, las características intransferibles del ser humano se agudizan. Pasan a un primer plano, eminentemente visual, aunque la persona no repare en ello. Y el mismo ambiente, por contraste con las particularidades del individuo, sirve para establecer signos de identidad. Estos rasgos pueden concentrarse en la postura, la expresión, el vestido.

Carulla ha situado en sus sofás una serie de individualidades que, a partir de lo común, intentan formular un orden arquetípico. Y al titular sus cuadros es explícito, como si quisiera reforzar la definición lograda por la imagen.

Así, en la serie de los sofás encontraremos nombres como: «Infatuación»; «El indeciso»; «Los visitantes II»; «¿El sofá rojo y quién más?; «¿Quienes son y por qué están aquí?; «Sofá azul, camisa roja.»

En una comparación con los personajes de la serie de los rehenes, vemos que el tratamiento de los rostros y las figuras es más preciso, más rotundo, como si se quisiera reforzar estos prototipos. También en estos cuadros, el uso del color es más intenso, y enfatiza los rasgos.

Este empleo del dibujo y del color, la masividad de la composición, y si se quiere el «retratismo» que impone Carulla a su trabajo en la serie de los sofás, es consecuencia de una voluntad expositiva, más que reflexiva.

La mayor reflexión la encontraremos en la serie de los rehenes, de carácter eminentemente especulativo. ¿Pero por qué este tema? Lo primero que podría contestarse es que la condición de rehén es una de las más trágicas manifestaciones del terrorismo contemporáneo. Cierto. Sin embargo, Carulla va más allá.

Los rehenes que presenta el pintor no son necesariamente las víctimas de una aberración histórico-política. Es el ser humano en su doble, contradictoria y angustiosa condición de captor y rehén de sí mismo. El hombre prisionero de sus miedos, sus culpas, sus complejos, sus deseos, sus compromisos, su familia, su circunstancia, su rebeldía, sus iluminaciones, sus sentimientos...

Es por eso que Carulla da otro tratamiento a estos cuadros, y sus personajes encuentran su perspectiva en el carácter de un nebuloso dibujo que, aunque preciso, procura plantear mediante fisonomías más rudimentarias y colores más difuminados la crisis en que están sumidos.

En esta serie de los rehenes, Carulla establece un discurso dialéctico que se refiere tanto a la circunstancia del instante como a la condición casi permanente de personajes. Este discurso tiene una articulación real si se compara a lo que expresa la serie de los sofás, en que cada cuadro puede tener una mayor justificación en sí mismo.

Como siempre, las palabras hay que asociarlas con las imágenes. Por eso los títulos de la serie son importantes. Algunos de ellos: «El valor de comprender»; «Pensamientos rotos»; «Sólo el tiempo dirá»; «El líder»; «El prisionero»

En la serie de los rehenes –también realizada en óleo sobre papel– hay un mayor empleo del collage. La búsqueda de texturas que resulta tan importante para Carulla desde que comenzó a pintar. Porque, y cito al artista, la textura «expresa la necesidad de sujetar, de aferrarse».

Es importante subrayar que aunque estas series son paralelas en su realización, pueden considerarse absolutamente independientes. Su vinculación se origina no en el tiempo, sino en las preocupaciones del artista. Cualquiera de los personajes de la serie de los sofás puede ser –es– un rehén.

Quiero destacar que esta copiosa exposición de Ramón Carulla es un rotundo testimonio de la necesidad de pintar del artista, y que su intensidad está más allá de los compromisos de gustos pasajeros.

Los cuadros de la serie de los rehenes y la de los sofás están llenos de humanidad. Pero no una humanidad fácil y decorativa. Todo lo contrario. Con gran oficio y segura concepción, Ramón Carulla nos presenta a un ser humano en que podemos reconocernos o no queremos reconocernos. Y lo hace con compasión, humor y desgarramiento. Esta es una pintura viva que si cumple la función de cualquier cuadro, también va más allá y demanda de nosotros una participación. La magnífica y difícil complicidad que genera una creación de primer rango.

HUGO CONSUEGRA: LA PINTURA COMO ÉXTASIS

La verdadera historia de la pintura cubana –que sólo podrá escribirse cuando Cuba salga del totalitarismo castrista y de sus secuelas– enfrentará al lector con un hecho terrible. Es, por una parte, como un régimen como el imperante en la Isla, además de su deliberado propósito de rescribir la historia a sus fines, ha sido implacable con aquellos que se le opusieron, que se negaron a someterse a sus dictados y servirlo incondicionalmente; y por otra, como ha recompensado a aquellos que se le plegaron.

Esto significa que a lo largo de varias décadas, demasiados creadores han sido convertidos, en el mejor de los casos, en no personas en la Isla, que han sido borrados de los anales oficiales y que, si exiliados, han tenido que padecer, además de su expulsión a las tinieblas exteriores, el peso antagónico de la cómplice maquinaria académica, cultural, política y de los medios simpatizantes del castrismo o a su servicio. Una maquinaria que además de negar a los verdaderos valores ha exaltado a demasiados mediocres.

Esa injusta realidad ha sido y es tan implacable como nefasta y marca las vidas y la andadura creativa de creadores esenciales que optaron por la libertad. Esa realidad ha impedido que su proyección alcanzara su justa dimensión. Uno de ellos es el pintor Hugo Consuegra, que el viernes 11 de octubre, expone su obra reciente en la galería Agustín Gainza.

Consuegra es uno de los integrantes del Grupo Los Once (1953-1955), que en los años 50 fue fundamental en el desarrollo de la plástica cubana. Buscaban en su espacio un nuevo dominio y determinaron, desde la singularidad de cada estilo de los miembros del grupo original, que esa ganancia comenzaba por la ruptura con el arte figurativo, tanto de los académicos como de los integrantes de la Escuela de La Habana. Su credo puede concretarse en este presupuesto: Realizar un arte abstracto sin mensaje. En este sentido, para Consuegra, la cultura europea era más importante que la americana y su obra no era derivación de esta última. Así, considera que el arte producido por ellos no era imitativo, sino que fraguaron un abstraccionismo cubano.

El expositor, nacido en La Habana, en 1929, y formado como arquitecto, se exilia en España en 1967, tras haber representado a Cuba en distintos eventos y exposiciones. En 1970 abandona Madrid y se instala de manera permanente en Nueva York, dedicándose profesionalmente a su carrera y a continuar desarrollando su obra. El suyo es el caso de muchos creadores cubanos exiliados.

Es un hecho singular que este artista abstracto pinte antes de abandonar definitivamente a su país, una serie de cuadros figurativos. Su esencia era la protesta contra el régimen castrista. Esa crítica al sistema comunista a través de la imagen cesa en España, donde regresa a la abstracción. Una abstracción que, en su caso, tiene como centro definidor la forma. Es a través de la elaboración de esa forma, y no del color, que Consuegra edifica un mundo propio.

En ese mundo, el artista no se reduce a ser él mismo, sino trata de replicar sensaciones. La suya es la búsqueda de una visión totalizadora que sea capaz de transmitir un sentimiento que trascienda al cuadro. Para ello, con su dominado oficio, el pintor busca representar estados de ánimo, situaciones y personas que no han sido explorados por otro. En ese proceso, la forma domina la unidad de su quehacer, en que es determinante, además de esa forma absoluta, la intención. Esto lo lleva a ir más allá de la superficie del lienzo y del tema, y trascender a la misma imagen.

Consuegra podría definirse como un pintor de pincelada y gesto. Pero ni en sus cuadros ni en sus dibujos y obra gráfica hay descontrol. Si bien considera al dibujo como fundamental, y esta colección de obra reciente lo demuestra otra vez, también cree que ese dibujo es fuente de espontaneidad. Esa espontaneidad es un elemento clave para definir su quehacer. De esta suerte, reverso de lo representacional, Consuegra asume ante la superficie en blanco, la posición de alguien que «inventa» la pintura, que crea un mundo propio sin antecedentes ni tangencias con nada.

Ese universo que comienza a fraguar en Cuba con el rigor espléndido de una pintura de extrema sobriedad, confluencia de blanco y negro, desarrolla en Estados Unidos un espacio para el color, que deviene elemento de primera importancia para la composición. En esta obra reciente de un pintor con firme arraigo en la estructura que considera esencial, el dibujo se convierte en añadidura, en ornamento. Un verdadero lujo para Consuegra. Y así, con decisiva finalidad, se adentra en una obra que asume, a la altura de su cristalización, el latido de la búsqueda, un impulso lúdico, unas imágenes y formas que van más allá de la respuesta, del razonamiento lógico.

La obra lograda por este artista de primer rango ha alcanzado ese máximo de libertad que él mismo controlaba. De esta suerte, el elemento riesgo que ahora asume, le permite, como jugando consigo mismo, la deliberada colocación en la pieza de un elemento fuera de balance que determina en el observador dos reacciones: la sorpresa y la reflexión. Ha asumido Consuegra el papel de perturbador que, a su vez, sigue adentrándose en la conquista de la iluminación de lo insólito, de lo inesperado y lo sublime que saca a la criatura fuera de lo normal y la adentra en el ámbito del prodigio.

Racional en todo, Consuegra ha conquistado en su andadura algo que siempre enriquecerá la contemplación de su obra mayor. Es la absoluta libertad creativa que se cumple en el placer de la pintura misma. Una obra cuyo fascinante latido perturbador es la otredad del éxtasis.

II. HUGO CONSUEGRA, RECUERDO Y HOMENAJE

A finales de la fabulosa década del cincuenta,
¿qué sabíamos? Éramos incapaces de imaginar,
el desastre y la tragedia que se cernía sobre nosotros.
Era, citando sin precisión al copioso Dickens,
el mejor y el peor de los tiempos. Era la época
de una Habana fabulosa en todos los órdenes.
Era, y estábamos tan seguro de ello, la víspera
de un tiempo distinto, en que cuajaría
la pendiente posibilidad cubana. Eran tiempos
de cambio, y los que escribíamos, los que pintábamos,
los que creábamos la fisonomía de una década,
de un futuro distinto, como debía ser, nos aferrábamos
a nuestra obra, al latido de su realidad y su posibilidad.
Era el lejano momento de exigente búsqueda, de cambio
y de ruptura de nuestro siempre hacia su identidad,
que nos arrebató implacable la malignidad de la Historia
que no podíamos imaginar y dio un vuelco irreversible
a nuestras vidas y a nuestro paisaje y a nuestra historia.
Era, si lo hubiésemos sabido, nuestra sentencia
de muerte. Algunos sobrevivimos al cabo del horror,
de la separación, de la distancia que nos impuso el exilio.

Ese duro oficio en que tratamos de perseverar
contra la adversidad, aferrándonos a nuestra obra,
para sobrevivir y mantener un sueño, al que no podemos
renunciar, en la hostil adversidad. Ese tenaz delirio cubano.

Elaboramos recuerdos a partir de esa época de inocencia.
Cuántos han muerto sin verlos encarnados. Cuántos
quedamos por morir. Disminuye vertiginosamente
la nómina de mis contemporáneos. Es algo bien natural.
El paso del tiempo es implacable. Nos borramos, tan solos,
en las distancias que nos han tocado, en las infamias
de la política que siempre apuesta al poder. Cuesta mucho
encajar esa implacable condición de no persona, hacer una obra
porque no se tiene otro destino. El paladeo de la negación
y la indiferencia. Todo está en el juego que se elige.

A estas alturas de mi edad, gravitan en mí cada vez más
los recuerdos de aquellos fabulosos años cincuenta.
De un tiempo en que se gestó una generación arrasada.
Nunca puedo olvidar una tarde de sábado en el apartamento
del pintor Raúl Martínez, mi compañero de trabajo,
en que conocí al pintor Hugo Consuegra, uno de los míticos
integrantes de Los Once. Ese grupo seminal que planteaba
un arte abstracto sin mensaje. Aquella tarde, Hugo Consuegra
y yo éramos los únicos de saco, cuello y corbata, al criollo decir.
Recuerdo la pasión con la que discutimos una nueva obra
de Raúl –que ¡ay! sin razón y sé que sin convicción–,
jugó sin ganancia de ninguna suerte su destino y dio
un vuelco a su espléndida obra en el acarreo totalitario.
Recuerdo, de igual suerte, que le compré aquel cuadro,
que dejé a mi madre y que sólo Dios sabe a dónde ha ido a parar.
Recuerdo, con la misma intensidad, la certeza de los juicios
de Hugo y aquel talante suyo en que la decencia, la lucidez
y el señorío de buen criollo, de hombre de bien,
me regalaron un amigo tan final como su obra.

Puesto a recordar, recuerdo, tantos años después,
su última exposición, ya vísperas de su muerte, mis páginas
sobre su quehacer; nuestra conversación en esos días terminales

y su inmenso pudor ante lo inevitable y su pasión por su obra
[reciente,
una pasión idéntica de la que fui partícipe en nuestro primer
[encuentro.
Sabía también, más allá de su legado mayor al arte cubano,
que tristemente, aunque no quisimos reconocerlo, esa sería
[nuestra despedida.
No menos que con su fin perdía a otro contemporáneo,
que casi culminaba una época fabulosa. Que quedaba más solo.

No hay más. Permanece, más allá de mi dolorosa memoria, su
[obra.
Pienso que fue lo que deseó desde la fabulosa década del
[cincuenta.
Ella es su mejor homenaje.

RAFAEL CONSUEGRA: LA CREACIÓN DIVERSA

A Rafael Consuegra ya le resulta pequeño su taller en un polígono industrial en South Miami. Siempre el espacio está densamente ocupado por sus cerámicas, sus esculturas y sus cuadros. Porque este maestro trabaja tan incesante como diversamente en un perpetuo reto a su capacidad creativa.

Ese desafío parte de su deseo de reconocerse como un artista renacentista, de asumir la pluralidad de la creación como credo.

Gran conversador, Consuegra tiene un pensamiento muy articulado sobre su quehacer y una filosofía muy personal. Afirma, en un sentido totalizador que inscribe en la tradición judeo-cristiana, que «crear es ser el artesano de Dios».

Rafael Consuegra nació en La Habana, en 1941. Su padre, Miguel Ángel, fue pintor. «Mediada la década del 40 él decoró los techos de la Academia de San Alejandro, pero las responsabilidades familiares truncaron el desarrollo de su vocación artística. Pero mi padre espiritual es René García, un piloto militar cubano que peleó en Bahía de Cochinos y después en África. A él debo en buena medida mi amor a Cuba», recuerda el artista.

Consuegra se exilió en los Estados Unidos en 1960. En 1973 obtuvo su maestría en arte en la Universidad de Miami, donde había iniciado estudios de arquitectura. El cambio de carrera fue resultado de largas reflexiones. Estas se centraban en una única pregunta: ¿Cómo se gana la vida un artista?

Con gran sentido práctico, Consuegra decidió que podía ganarse la vida enseñando a la par que desarrollaba su obra. Así tomó cursos en la universidad que le capacitaban para el magisterio –que es parte central de su vocación–, y ejerció esta actividad entre 1969 y 1976 en el Miami-Dade Community College y en Barry University.

En ese periodo formativo ejercieron una gran influencia sobre él sus maestros: Duane Hanson, James Cooper y Patrick Delong.

Aunque Consuegra comienza a exponer en 1967, su real entrada en materia se produce cuando viaja a Europa en 1978. Allí no sólo sedimenta su maestría técnica, sino que también define sus presupuestos expresivos. En esos años europeos trabaja en sus talleres de Barcelona y Francia, y se multiplican sus exposiciones y reconocimiento internacional.

En 1984, Consuegra regresa a Miami; continua creando y también, ahora en su taller, enseñando. «Uno de los sueños de mi vida es tener una academia de arte. Un artista sólo puede llegar a sus máximos a través de una preparación muy grande. Porque esa formación actúa sobre el espíritu. En ese proceso de superación constante, es imprescindible viajar, conocer gente y filosofías», dice Consuegra.

En el quehacer de Rafael Consuegra hay un tenso, pero fluido proceso de armonización de pensamiento y obra. Esto es resultado de la búsqueda de soluciones plásticas a ideas que alientan la imaginación del creador. Para plasmarlas es preciso buscar el mejor medio, y este dictará el camino a seguir.

La impecable obra en cerámica de Consuegra ha hecho que muchos le cataloguen como ceramista, pero él no acepta esa definición, que considera limitante. «Para mí el barro es simplemente un material para hacer escultura», enfatiza.

Y agrega: «La cerámica –desgraciadamente– se vincula con la artesanía, una actividad que conozco y respeto, pero que no es mi campo de trabajo. Yo hago cerámica desde otra perspectiva. Para mí está vinculada más que ningún otro material con la civilización y el mar. Así la entiendo, y procuro que cualquiera de mis piezas escultóricas en barro participe de esa entidad artística que podemos rastrear tantos siglos atrás hasta el Egipto. Hasta Fayun».

Esa vocación escultórica la entiende Consuegra a través de las artes del fuego: el barro, el bronce y el hierro. «El hierro representa al hombre. Lo forjas, se oxida y desaparece. Pero en los tres medios, el fuego decide», dice el escultor.

En el planteamiento de su obra, Rafael Consuegra parte del concepto de que la creación es una expresión de júbilo e inteligencia que no debe vincularse a circunstancias y factores negativos, tanto de índole material como espiritual.

En todas las vertientes de su quehacer escultórico, Rafael Consuegra busca integrar su fascinación por las formas biológicas con la imagen de Dios en un perpetuo acto creativo.

Es por ello que sus formas, que van de lo microscópico a lo macroscópico, se desarrollan a partir de un elemento biológico básico que representa la multiplicación celular del ser. A partir de ese centro de naturaleza genésica, Consuegra creará una obra plástica ascensional cuyo crecimiento se multiplicará en los flagelos ondulantes propios de su escultura.

Esta concepción es la que otorga a la obra de Consuegra ese carácter inaugural propio de las aguas, de un mar que proyecta sus elementos y misterios hacia el sol, como si quisiera abarcarlo con la primacía de su origen.

En las piezas de Consuegra las formas nunca se cierran. Esta apertura se debe tanto a que el artista considera que la creación es un proceso constante, como a su propósito de que desde cualquier ángulo la obra adquiera nuevos significados y contenidos.

En sus obras, Consuegra está tratando de consolidar lo que llama «un arte isleño» que tenga en sus raíces e imágenes a Cuba. Su intención es a la vez plástica y política.

«Creo que los cubanos, desde la libertad que pagamos con el exilio, tenemos algo muy importante que aportar al futuro, tanto en América Latina como en Europa. Y me molesta la ausencia total de actitud patriótica de los artistas cubanos. Como creador, quiero que me reconozcan como cubano. Por eso uno de mis deseos y propósitos fundamentales es establecer un sitio en que la gente pueda crear desde esa perspectiva. Es algo que necesitamos mucho», dice Consuegra.

La impresionante obra creativa de Rafael Consuegra acusa una acabada asimilación del pensamiento gótico y la música, esencialmente Wagner y Berlioz.

Hay en esa impronta un impulso monumental. Por eso el escultor busca cada vez más los volúmenes. Integrar su obra a proyectos mayores que sirvan de vehículo natural a una concepción de plenitud y rotundidad que se afinca en el clasicismo.

Como creador en pleno dominio de sus recursos y de su poética, Rafael Consuegra siente la necesidad de la aventura definitiva de su quehacer, de una concentración absoluta y desarrollo multidimensional de su obra.

Darse de lleno a ese propósito puede significar para él un cambio de paisaje. «Miami es el centro del mundo, y la gente no se da cuenta. Pero aquí, por donde todo pasa y tenemos el privilegio de ser la puerta al sur, sobrevivir es muy difícil para el artista».

«Los años más felices de mi vida los pasé en Europa, y cada vez siento más la necesidad de volver allá; de reactivar mis talleres de Barcelona y Aix-en-Provence. Quizás esa sea la única forma que tenga de dar un sentido más cabal a mi creación y mis preocupaciones políticas y sociales. A veces es preciso construir en la distancia», dice el escultor.

Ahora, Consuegra trabaja en las piezas de una iglesia. El altar, el pulpito, la pila bautismal, el vía crucis y las sillas de los oficiantes son formas tan sólidas como hialinas, y se proyectan hacia lo alto. Este complejo trabajo resume en su aparente simplicidad la evidencia y el misterio, la provocación y la permanencia que identifican la obra de Rafael Consuegra.

En barro, en hierro y en bronce estamos ante una obra que desde sus calidades formales y su belleza da cuenta del prodigio del nacimiento de la vida como voluntad de ascenso de lo mínimo a lo máximo.

Una obra como la de Rafael Consuegra es un acto de celebración y resistencia. Un artista es un hombre que resiste.

DEMI: DE DONDE SALEN LAS IDEAS

Una exposición de arte no sólo es un triunfo en el plano de la creación, puede ser también un triunfo de la vida.

Esa combinación de factores puede simbolizar la muestra «De donde salen las ideas», de la pintora cubana Demi en M. Gutiérrez Fine Arts, en Miami Beach.

«Estos cuadros se pintaron en un año difícil de mi vida», dice Demi en su casa-estudio de Miami. «Me tuve que someter a una mastectomía, pero no dejé de pintar».

La condición humana reflejada en el mundo tan real como fantástico de los niños, tema central de la artista, persiste en estos óleos. Pero al observar estos cuadros se advierte un crecimiento temático y formal.

Los formatos son mayores, la finísima pincelada que caracteriza la ejecución de la artista es más minuciosa, las superficies están más trabajadas y hay un enriquecimiento en el uso del color.

Son cambios importantes que reflejan un adentramiento en el oficio de la creadora, que este año fue uno de los artistas participantes en la exposición «Islands in the Stream», presentada en State University of New York, at Cortland.

Pero el desarrollo más importante entre ésta y la anterior muestra de la artista, presentada en 1991, en M. Gutiérrez Fine Arts, de Key Biscayne, radica en la concepción del tema, que ejemplifica el cuadro que da nombre a la exposición.

«Mi pintura se crea en mi infancia, cuando fusilan a mi padre en Cuba», dice Demi. «Tras su muerte fui testigo de la reacción hostil de mis vecinos. He tratado de plasmar todo eso en este lienzo».

La pintura presenta una figura infantil en su parte inferior. En el centro del lienzo se ve el rostro de un adulto que mira hacia abajo. De su cabeza brota una prodigiosa enredadera cuyas flores, pequeñísimos ángeles, caen hacia la criatura solitaria.

«La figura central es mi padre», explica Demi, ganadora de la beca Florida Visual Arts Fellowship: 1992-93. «Me vigila desde la muerte. En el mundo real nada podía hacer por mí, pero las figuras pequeñitas que se desprenden de él son las ideas que desembocan en mí».

Demi siempre ha pintado sobre el niño que pierde su inocencia antes de tiempo, y los niños de esta colección siguen siendo el reflejo de esa realidad. Pero ahora su proyección es mayor.

«Durante mi enfermedad sentí en gran medida la increíble suerte de la solidaridad humana», dice la artista. «Eso hizo que comenzara a sentir que mis cuadros, sin dejar de ser muy personales, no sólo se apropiaran de mi historia, sino de todo lo que sucede en el mundo», explica Demi. «Que comunicaran una mayor trascendencia».

La trascendencia se comunica sutilmente al aumentar el número de figuras infantiles en los lienzos, y establecer una relación con otras presencias.

«Usualmente mis niños están solos», explica Demi. «Pero ahora comienzo a ponerles compañía, como una madre-títere en 'Mother and Child'. Eso alude a la falta de relación que uno tiene».

Ese tratamiento también centra otras obras, como «Mother Moon», en que el títere carga al niño como si fuera la Virgen con el Cristo muerto. Y en «Mother Sun», en que la artista emplea colores vivos y cálidos, como el amarillo, y en el cual del sol sale una mano que sostiene al niño.

«Las imágenes de 'Mother and Child', 'Mother Moon' y 'Mother Sun' son un análisis de las relaciones humanas», precisa Demi. «Pero en esta serie he profundizado también en los opuestos. Para hacerlo me he valido de un recurso técnico que crea la ilusión de un espejo en los cuadros».

Uno de los mejores ejemplos de ese tratamiento es la obra «The Last Supper». El cuadro representa una fiesta infantil con lo que la artista llama iluminaciones infernales.

Los niños que participan en la fiesta centrada en un pastel, se ven reflejados, a partir de la imagen de una fuerza que domina el centro del lienzo, en su parte inferior, y se rompe toda la placidez.

A pesar de la tragedia silenciosa que comunica la obra de Demi, ésta fascina por la riqueza de su composición, de sus colores y texturas, por lo misterioso de su dibujo. Son obras que por encima de sus historias específicas hacen pensar en una historia mayor e inquietante.

«En mi pintura llevo todo a un extremo no normal», manifiesta la artista. «Y todas las piezas tienen un carácter de claustro, de mundo cerrado cuya realidad se proyecta al exterior».

Al contemplar esta pintura se hace evidente que hay un real disfrute en su ejecución, una voluntad de llegar a los máximos estéticos y expresivos, y también una definitiva necesidad de revelar una situación que debe y puede ser de otra forma, la de los niños que han perdido su inocencia. Es evidente que cada pintura es respuesta a una realidad mayor.

«Es realmente atroz», reflexiona Demi. «Vivimos en un mundo de tanto sufrimiento, a la vez que estamos sumidos en una sociedad superficial que huye e ignora la presencia del dolor».

Quizás ese pensamiento pueda parecer el reconocimiento de una situación sin salida, pero Demi confía en la obra artística como medio de sensibilización.

«Lo primero es que el cuadro llegue como obra», asegura la artista. «Y después como mensaje de compasión. Quiero inspirar compasión, que no lástima, con mis cuadros. Porque la compasión mueve lo mejor del ser humano y es el principio de todo cambio».

Sin duda, estos cuadros, con el misterio de su belleza delicada y silenciosa, moverán a la reflexión sobre la condición humana. Son obras de primera categoría.

Esta exposición es un triunfo del espíritu contra la adversidad y revela definitivamente a una artista tan completa como humana.

«Pude superar esta enfermedad por mi relación con mi esposo Arturo, por mis viejas y nuevas amistades», asegura Demi. «De existir esa relación en todas las cosas del mundo, quizás no tuviese que seguir pintando a mis niños despojados de su inocencia».

Esa verdad quisiese cambiarla la artista. Quizás su propósito es un imposible. Pero le debemos un precioso mensaje humano y una obra inolvidable que ha crecido en los más difíciles momentos.

CARMEN DIEZ-OÑATE: EL LATIDO DE LA POESÍA

No siempre los artistas siguen la andadura de una imagen y sus posibilidades. Lo más frecuente es que se internen por nuevas sendas, que exploren las posibilidades expresivas de diversos lenguajes, que formulen al paso del tiempo y la obra, un discurso que resume sus encuentros y desencuentros.

Ese es y no es el caso de la pintora cubana Carmen Diez-Oñate, que expone su obra reciente en Durban Segnini Gallery, de Coral Gables. Desde que egresó, en 1953, de la Academia de Bellas Artes de San Alejandro, en La Habana, la artista ha mantenido una absoluta fidelidad a una ascendente búsqueda y una expresión. Su sentido radica en la vigencia y la fuerza de los mitos, y la permanente riqueza de sus posibilidades.

Así, al cabo de fructíferos años de formación, amplió sus estudios de arte en Art Center of the Oranges y Montclair State College, ambos de New Jersey, y Art Students League, de Nueva York. Enseñó en Montclair State College; Biscayne College, Mercy College y Saint Thomas University, de Miami, y 26 años después de su primera muestra personal en el espacio de Dobbs Ferry Campus, del Mercy College, en New Jersey, la artista ha alcanzado destilar en su obra, dominada por el latido de la poesía, una inconfundible versión personal del universo mítico. El itinerario de ese encuentro puede seguirse en su copioso inventario de exposiciones nacionales e internacionales.

Atraviesa ese recorrido distintos momentos. Entre los años 70 y 80, Diez-Oñate se vuelca en un quehacer que procura fijar, a partir de las imágenes de las culturas autóctonas caribeñas –fundamentalmente la taína–, el sentido idílico que concede a los orígenes de su país natal. Eso la llevará a adentrarse en la universalidad de los mitos primitivos y a desentrañar desde la veneración a las diosas comunes de distintas culturas, la fuerza genésica de esas deidades.

Esa indagación que se adentra en esta década, está decisivamente marcada por su estudio e interpretación de los libros de Joseph Campbell, y por una obra que estima fundamental en lo que puede considerarse su definitiva entrada en materia. Es «The Language of the Goddes», de Marija Ginsbutas.

En este punto, teniendo en cuenta la riqueza iconográfica consubstancial a lo mítico, hay algo que puede resultar tan paradójico como insólito. La pintora se considera a sí misma –y de hecho lo es– una artista abstracta, aunque en ocasiones en sus cuadros aparezcan representaciones de la realidad inmediata.

Esa abstracción de Diez-Oñate tiende a resolverse en la confluencia de manchas de color, líneas y formas geométricas de gran precisión, peso y expresividad en sus composiciones. Unas composiciones en que el movimiento parece tan cristalizado como a punto de arremolinarse.

El color contribuye de manera decisiva a la eficacia de los cuadros de la pintora. Desde un real gusto por el dibujo y su acabado, sus obras muchas veces tienden a resolverse en una atmósfera monocromática. De esa frontera que es también horizonte, pasa la pintora a un rico uso del color, a una integración de sus valores comunicativos, que dotan a los planos de la obra de una musicalidad arraigada en las diversas escalas armónicas de la tradición pictórica.

En esta obra con definitiva firma de estilo, no es fácil rastrear influencias –que nadie escapa a ellas–, pero sí ciertas afinidades y tangencias. De esta suerte, el valor expresivo que otorga la expositora a las texturas puede relacionarse con su admiración por Rufino Tamayo. Su manejo de las luces es en buena medida fruto de las lecciones insuperables de Rembrandt. Y, finalmente, la proximidad mayor en el *más* del conjunto, a partir del planteamiento de la obra y su espíritu, es con la creación de una de las figuras mayores de nuestra plástica, el maestro Fernando de Szyszlo.

La acabada obra de madurez que ahora nos entrega Diez-Oñate no sólo constituye una depurada visión de la posibilidad caleidoscópica de los mitos. Una depuración de sus esencias al margen de sus contenidos específicos. En su serenidad cuajada de luces y sombras, es una creación abierta y volcada desde lo mítico al latido de la poesía.

Aparecen en estos cuadros fragmentos de poemas, versos sueltos que algunas veces son subrayados por la ejecución y otras forman parte de la arquitectura interna de la pieza, evaporándose y reapareciendo con absoluta independencia y siempre proyectando una intensidad definitiva.

Esos poemas, versos y fragmentos –por una razón estrictamente poética que participa de la naturaleza del enigma hasta en su iluminación– no son producto de una selección. En algún momento de sus copiosas lecturas motivaron a Diez-Oñate. Fue lo suficiente para que tan ceñidos como proyectados dieran pie y sustento a una interpretación plástica libérrima. Esos textos y esas palabras, sin dejar de ser lo que son y lo que pueden ser, son también cifra de lo mítico y materia prima de cada pieza.

Esa condición nos entrega el mensaje del poema que la artista hizo suyo en una complicidad imprescindible con lo abierto y lo fijo de su esencia. No es otro el impulso y la entrega a la que aspira la poesía. Son sus autores San Juan de la Cruz, Federico García Lorca, Mariano Brull, Gastón Alvaro, Gladys Zaldívar, Uva Aragón, Luis Aguilar León y el autor de estas páginas.

De esta suerte, en cuadros en que los volúmenes precisos, la marea de los jubilosos colores, la dramática hondura del blanco y el negro, la vibración del dibujo, la carnalidad de las texturas, el ritmo del pincel y la depurada sensualidad del conjunto, Diez-Oñate establece una musicalidad, un sonido a partir del verso.

Es esta obra tan íntima como enigmática, tan serena como tumultuosa, tan de siempre como tan de mañana. Su belleza es una exaltación de la eternidad y la vigencia de los mitos y de cómo nuestra realidad se enriquece desde su permanencia y su fusión con lo cotidiano. Todo lo que es por el latido de la poesía.

IMAGEN ÚLTIMA DE CARLOS ENRÍQUEZ

La tercera edad, esa edad que es como la época de decadencia de un imperio, hay que saber vivirla. Algo que no siempre es fácil. En verdad, puede ser endemoniadamente difícil. Sobre todo en un tiempo como el que ha corrido y corre. Por lo pronto, uno ya no puede hacer muchas cosas que antes hacía y, no menos importante, es inevitable no experimentar que el paso del tiempo es un antagonista supremo que quizás impida que hagamos mucho de lo que queremos y debemos hacer. Lo más sabio es priorizar nuestros intereses con nuestras posibilidades y llevar a cabo y disfrutar a plenitud lo que más nos interesa y complace. Sacar algunas de esas asignaturas pendientes que tenemos en nuestra existencia. Y pedirle a Dios que, además de perdonar nuestras culpas, nos facilite la tarea en ese tiempo al que se dan tantos calificativos edulcorantes y que, para ser literario, se trata ni más ni menos del fin de la aventura.

Carlos Enríquez, esa figura colosal del arte cubano, no llegó, conforme a los criterios de médicos, gobiernos y empleadores que codifican y determinan nuestra vida, a la tercera edad, aunque la rondaba. Cuando murió en La Habana, en 1957, solo en su casa en El Hurón Azul, sentado en su sillón, leyendo y escuchando música clásica, tenía 57 años. Eso sí, vividos a todo lo que da la existencia. Un estilo de vida que fue legendario por su desmesura. Algo por lo que indefectiblemente hay que pagar un alto precio. Su salud no era buena.

1957 fue, por muchas razones, un año bisagra en mi vida. Es algo que comprendí tiempo después. Fue un año en que tomé una serie de decisiones que influirían de manera decisiva el resto de mis días. Yo vivía en El Vedado, que era para mí toda la tierra, y una tarde de ese año iba caminando por la calle 19 rumbo a mi casa, que estaba en la calle 21. Al llegar a la calle F, doblé para atravesar el largo pasillo que bordeaba la furnia de la que surgía el Edificio Arcos y acceder a la calle 21, mi calle. Cuando me disponía a subir las escaleras me detuve al ver a un hombre que se apoyaba en la baranda que daba sobre el vacío y que parecía enfermo. Lo reconocí de inmediato. Su imagen era inconfundible. Era Carlos Enríquez. Vestía un pantalón blanco, un saco azul cruzado y en el cuello de su blanca camisa llevaba una gran corbata de lazo negra. Estaba tocado por un Panamá de ala ancha, como el que usaba Abuelo Bravo cuando iba a la finca.

Subí a tratar de ayudarlo y, aunque sé que no debía acordarse de mí que era un muchacho cuando me lo presentó uno de mis tíos, le pregunté como si lo conociera de siempre qué le pasaba y si necesitaba algún tipo de ayuda. Estaba muy pálido, con esa blancura que adquieren las facciones cuando uno está mal. Me respondió que había caminado mucho y que estaba recobrando fuerzas para bajar los escasos peldaños que lo separaban de la arbolada calle 19 y seguir a donde se dirigía. Sólo recuerdo algo que me dijo en esa circunstancial conversación: «Ya no soy el que era».

Cuando se sintió mejor, bajé con él hasta 19 y le dije que si quería que le acompañase a su destino. Me dio las gracias y me dijo que no, que no era necesario. Respeté su deseo y lo vi alejarse por la acera al amparo de la sombra de los árboles. Caminaba despacio, bien despacio, como imagino nunca caminó en sus años de comerse el mundo. Esa fue la segunda y última vez en mi vida que lo vi.

Años después, y fueron años bien difíciles y amargos para mí y los míos en la Cuba del totalitarismo castrista, leí sus libros: *Tilín García, La vuelta de Chencho* y *La Feria de Guaicamaná*. Era realmente un buen escritor. Mucho mejor de los que por ahí proliferan. Lo cubano, que es firma de identidad de su quehacer en su magistral e irrepetible obra pictórica, desbordaba sus páginas entrelazando la realidad y la fábula. Esa cubanía era testimonio de una prodigiosa imaginación dominada por su pasión por Cuba en lo esencial de su a ras de mundo.

Al paso del tiempo, tuve el privilegio de ser depositario del archivo de Carlos. Me lo entregó uno de sus más entrañables amigos, que lo salvó en la medida de lo posible de la dispersión y la pérdida. En la diversidad de su correspondencia, de sus papeles, de sus minuciosas o apresuradas notas, de sus dibujos y proyectos, de sus cuentos, así como en algunos de sus libros, descubrí no la apariencia exuberante y dada a lo excesivo que domina en buena medida la aproximación a su vida y quehacer, sino la intimidad e identidad última de este grande.

Es la del hombre de cultura dominado por un espíritu lúdico y apasionado por la belleza y la acción. De igual suerte, el latido de un hombre que a nada temía y que hizo de su existencia un desafío, pero que a su vez era capaz de experimentar los dones de la calma y la ternura. No menos, de una singular criatura que supo encajar sin peros la soledad y, sí, la ingratitud que jamás cesa de padecer quien, a pesar de sus defectos y errores, y los tuvo, hace una obra superior y distinta y desde su real superioridad sabe darse y dar. Algo, conviene decirlo, que siempre genera funestas envidias y resentimientos. Esta caracterización de Carlos es digna de un protagonista de sus ficciones y sus imágenes.

Al salir al exilio, devolví el archivo de Carlos al amigo que me lo entregó. No sé cual ha sido su destino. No pude salvar las notas que tomé para escribir sobre el artista. Otra pérdida que debo encajar. De súbito se me ocurre que pudiera escribir una historia de mi vida a partir de lo que he perdido. De todas suertes, aquel encuentro con Carlos, aquella última imagen suya en una remota tarde vedadense es algo que guardo como una gracia. A estas alturas, ¿quedan personas como él y esos amigos grandes que me faltan? Sólo Dios lo sabe.

II. COMO NO MURIÓ CARLOS ENRÍQUEZ

No murió, hombre de a caballo,
pintor de caballos, violento,
como un mítico bandolero
ni como un patriota en la manigua,
destrozado por las balas hostiles.

No murió, desbocado amante,
haciendo el amor a una mujer,
como si ésta fuese la primera y la última hembra
posible a su pasión y deseo incontrolables.

No murió, bebedor de nunca acabar,
sabiendo que le quedaba otra botella intacta
para alcanzar el don de la ebriedad.

No murió, conversador brillante,
imprevisible y rotundo, rodeado de amigos,
perdido el sentido del tiempo
porque la gloria de la amistad
se anuda en las palabras en compañía,
y, a partir de ahí, lo que sea.

No murió, conocedor refinadísimo
y gozador elemental, todo exceso y todo inocencia,
calándose de plenitud en la gloria de un cuerpo,
de una imagen o de un objeto, o entregado sin freno
a lo más elemental de lo que hay a ras de mundo.

No murió, maestro final, reinventando definitivo
la belleza de la mujer, del paisaje,
de los sueños y el delirio;
fijando rostros entrañables para el siempre;
estableciendo las inclemencias
de la intemperie: las maravillas que la exaltan
y las atrocidades que la infaman;
haciendo de la historia una ficción
y la única verdad posible para que haya en el mundo
posibilidad de estar sin peros
a fabulador dibujo en movimiento, transparencia,
estallido, evaporación, colores que son milagros,
espacio encantado o terrible,
pura fuerza y frágil, encantada delicadeza–
la vida como sólo él sabía que era y debe ser–.

No murió, como creemos que sabemos,
solo, malo y mal, lleno de cicatrices
y con demasiadas pisadas en el corazón,
en la honda y silenciosa noche
que depara, puntual e implacable,
la memoria de lo hecho, lo roto y lo perdido,
el peso de lo inevitable
y la certidumbre de lo imposible,
sentado en un sillón en El Hurón Azul,
escuchando música y con un libro entreabierto,
en paz y en vilo el alma.

Con Carlos tampoco hay muerte que valga.

ROBERTO ESTOPIÑÁN: EL SENTIDO Y GRANDEZA DEL ARTE

Hay una seguridad cuando se escribe sobre un artista con una larga trayectoria y obra. Es la que brinda la fuerza de la evidencia de su quehacer proyectado en el espectro del paso del tiempo. Un espectro en que otras voces, en un instante preciso y, casi siempre, con aspiraciones de definición final, han dado a su creación una imagen, una interpretación, un valor. Hay artistas que en el dominio de una cierta fijeza, quizás complacencia, han asumido esas precisiones como un sello sacramental. Esa actitud, y no desdeño las calidades de su obra, ha limitado la posibilidad de su desarrollo. A ese fenómeno se debe esa siempre peligrosa persistencia en la semejanza de lo realizado que, más que firma de estilo, es galería de espejos enfrentados que repiten algo inmutable. En otras palabras, ganancia que deviene pérdida.

La primera dificultad y provocación que propone la rica y copiosa obra del escultor cubano Roberto Estopiñán es que este maestro de viva y lanzada imaginación, tan seguro de su exquisito oficio, tan constante en el autodesafío a su propio lenguaje y discurso, tan directo y arraigado en sus puntos de vista, tan apasionado, ha sido capaz de formular una imagen caleidoscópica en su producción, ya sea en la escultura, el dibujo o la gráfica. Esta, desde sus calidades plásticas y formales, se ofrece en múltiple valencia. Es tanto creación en su más destilada pureza como creación que expresa una poderosa visión y concepción de la realidad. Es sueño y es a ras de mundo. Es, y esto es sumamente importante, latido de fuerza superior y de máxima delicadeza. Sabe tanto del dolor como del júbilo. La sensualidad es uno de sus pilares, deslumbramientos y razones. Se proyecta a lo máximo.

Esa obra mayor que, a partir de 1967, Estopiñán ha realizado y difundido desde Nueva York, se ejecuta ahora en Miami, donde el artista se ha instalado de manera definitiva. En cierta forma, su presencia aquí es quizás un ademán de ganar una cercanía física con la Cuba que siempre ha sido parte fundamental de su creación. Esa patria que abandonó en 1961, tras participar en la lucha estudiantil contra el régimen del General Batista y, posteriormente, de formar parte del servicio exterior del gobierno revolucionario. La declarada índole totalitaria del castrismo era intolerable para este lector de George Orwell, Albert Camus y Simone Weil.

La ruptura de Estopiñán con el régimen le deparó algo que han padecido y padecen los creadores cubanos que no hicieron ni hacen el juego al castrismo ni a la izquierda internacional. Lo sé por propia experiencia. Es ese plano de sombra, esa final desventaja en el mundo de la cultura y la creación, que se reserva a los que defienden sin peros a la libertad. A pesar de la gravitación de ese constante obstáculo, este maestro logró establecer su rango artístico y la vigencia y proyección de su obra. De ello da cuenta la presencia de su escultura y dibujo en importantes colecciones públicas y privadas de Estados Unidos, América Latina y Europa, como el Museum of Modern Art, Nueva York; el Museo de Arte Moderno de América Latina, Washington, D.C.; el Instituto de Cultura Hispánica, Madrid, España; y el Instituto Nacional de Bellas Artes, Ciudad de México, México, entre otros.

En los años 50, esa trascendencia de una producción en ascenso ya era parte de la hoja de vida del artista nacido en La Habana, en 1921, y formado en la Academia de Bellas Artes de San Alejandro, donde estudió con el maestro Juan José Sicre, del cual sería asistente. Así, en 1953, invitado a participar en la competencia internacional que, para la erección de un monumento al preso político desconocido, auspicia la londinense Tate Gallery, obtiene una mención honorífica y su pieza pasa a ser parte de los fondos de la galería. Basta repasar la nómina de los semifinalistas para aquilatar el rango del joven artista. Eran: Alexander Calder, Naum Gabo, Theodore Roszak y Ossip Zadkine.

Estopiñán es un artista, debo insistir en ello, caleidoscópico en su lenguaje y discurso. Dibujante refinadísimo, afirma que ese arte le produce un enorme placer. Sus dibujos evidencian como busca alcanzar en el papel, sin menoscabo de su esencia, una perfecta simbiosis con la escultura. El tema del preso político puede decirse es constante en su obra. Es destilación del sufrimiento cubano. En este sentido, puedo afirmar que Estopiñán posee una extraordinaria capacidad para la expresión del dolor, desde el realismo hasta prácticamente una tierra de nadie entre éste y la abstracción. Ejemplo definitivo de ellos son sus Cristos.

El registro de imágenes de Estopiñán es tan copioso en el dibujo y en la gráfica como en la escultura. Si hubiese de precisar una constante en su expresión, afirmaría que la suya es una obra pendular. Que se afirma tanto en la sugerencia como en la evidencia física de la inmediatez. Que sabe extraer a todo tipo de material el máximo de sus posibilidades. Que en su predilección por la estilización de la figura ¡y tanto la forma femenina! hay una carga de sensualidad que en su modernidad es resonancia de una caudal pasión y respeto por lo clásico.

La pasión por la libertad que es centro de la vida del artista encuentra una final encarnación en la diversidad de su obra. Un quehacer en que la forma adquiere su plenitud en su elaboración más exigente, final. Estopiñán, para quien son fundamentales Miguel Angel y Bernini, a pesar del espacio existente entre ambos, es uno de los creadores contemporáneos que ha defendido con su quehacer una verdad definitiva: que la calidad y plenitud de la obra depende de su elaboración. No se rebaja el maestro al accidente ni se excusa esgrimiendo el concepto. Desde la concepción de la obra hasta su término, ésta es para él una expresión de la capacidad del artista para alcanzar el más de lo ideal. Ese más en que contenido y forma son inseparables en su capacidad expresiva, en su intensidad, en lo definitivo de manifestación de la fuerza de las cosas o del latido del espíritu.

Ese, no otro, es el sentido del arte y de su grandeza. En esa cifra alientan la belleza y el desgarramiento y todo lo que media entre ambos. Las mareas de los sentimientos, las ideas y los sueños. Lo sabe muy bien el maestro Estopiñán. Le ha entregado su vida a esa certidumbre. Sigue alzándola en su arte, ahora aquí, entre nosotros.

AGUSTÍN FERNÁNDEZ: LA MAESTRÍA A PULSO

Son pocos los que pueden designarse como maestros. Porque la maestría es algo que va más allá del oficio, del gusto, de la temática, de lo llamativo y atrayente de una obra, de su afinidad y diálogo con un tiempo y su proyección hacia el después y, más allá, el siempre. Tampoco es, sumado a todo lo anterior, la belleza en su especie de todos los días. Hay una obra terrible en su vibración, en su imagen, que no puede ser otra cosa que maestra. A todo lo que hay que agregar que, no siempre, la maestría se reconoce a cabalidad. Que contra ello conspira el poderoso mercado del arte, la superficialidad y los compromisos de la crítica, y ¡ay! la falta de formación artística y estética del gran público que, en definitiva, es el que se pierde la gloria de lo definitivo de la creación.

En lo que concierne a la maestría, la pintura cubana, con tantos grandes en su seno, padece en mucho, en su propia contra, de la gravitación de todo aquello que acabo de enumerar, sólo que ahora se agrega a sus calvarios –lo que antes jamás había ocurrido– el peso atroz de la política desencadenada por el totalitarismo castrista. Esto ha determinado, en beneficio de demasiados intereses espurios, una verdadera subversión de valores, una instauración de falsos y oportunistas protagonismos, y una culpable y absoluta falta de objetividad a la hora de dar su justo valor y sitio a la obra de arte. El caso que mejor ejemplifica estas verdades es el de Carlos Enríquez, el grande absoluto de la plástica cubana, tan relegado a lo que sin vacilación llamo planos de sombra, cuando su definitivo quehacer en todos los órdenes se compara con la actual valoración de demasiada obra subalterna –y decir subalterna ya es mucho– que ocupa en la actualidad rangos protagónicos.

Así, hay en la actualidad muy pocos creadores plásticos cubanos –¿exagero por exceso?– a los que se puede llamar maestros. Por supuesto, no hablo de los desaparecidos. Hablo de los que siguen produciendo y ratificando la grandeza de una plástica que alcanzó verdaderos máximos en el pasado siglo –jamás pensé que iba a escribir esa precisión– como Rafael Soriano. En esa selecta lista es imprescindible agregar el nombre de Agustín Fernández. Tanto él como el maestro Soriano han padecido en cuatro fundamentales décadas de su producción todo lo que significa el peso de crear desde un exilio hostigado sin cesar por una academia, una crítica y un mundo del arte en que el dominio de las izquierdas, la superficialidad y la voracidad de la ganancia son dominantes. Prevalecer en ese ámbito es, de hecho, puro milagro y, no menos –aunque mucho más se merece– consecuencia de maestría.

La exposición de obras recientes que Agustín Fernández inaugura el viernes primero de diciembre en Aroca Gallery, de Coral Gables, es una confirmación de lo mayor de la plástica cubana. Esto, poniendo a un lado a los grandes desaparecidos, es un acontecimiento. En esta colección, para empezar, Agustín hace patente unas cuantas cosas fundamentales y en constante ascenso en su apasionada y apasionante trayectoria: oficio, imaginación, frescura, enigma y evidencia, sentido y trascendencia de la realidad, belleza a pulso. Estas piezas nos sitúan ante un artista definitivo que ha sabido trascender –sin importarle los riesgos y la gravitación de un favorecido discurso de color local, regional y continental (hablo de arte cubano, caribeño y latinoamericano)– toda suerte de marcos y limitaciones en pos de una universalidad afianzada en sus raíces más originales y definitivas.

Pecaminosamente frutales, agónicos, exuberantes, cuajados de sensualidad, espartanos, oníricos, invitadores, inexpugnables como mítica fortaleza superior, tan delicados –de nuevo, tan supremamente delicados–, los cuadros de Agustín responden en su traducción de la imagen definitiva, la pura ilusión y la última realidad, a un orden superior. Estos lienzos tan capaces de monumentalidad, una monumentalidad que es absoluta hasta la obra más íntima del artista, son una aproximación a una constancia de su creación: su pasión por interpretar, con y desde un inédito discurso, al universo.

Esa interpretación tiene un espectro que va desde lo ínfimo hasta lo máximo. Con visión microscópica (diga él lo que diga) –una firma de estilo esencial a la creación del tan grande Agustín– que se hace magnificadora, este creador es capaz de ofrecernos, a inédita plenitud su cotidianidad, sus evidencias, sus sueños, sus especulaciones, sus pesadillas, sus contradicciones y sus enigmas, sus callejones sin salida, sus certidumbres y sus delirios. En pocas palabras –tan por encima de sus finales calidades y cualidades formales, de su prodigiosa imaginación y de su depuradísimo oficio–, todo lo que Agustín es, sabe y no sabe que es con la suprema evidencia de la precisa inmediatez, imprimirle el carácter –que tan inmediatamente pero con asombro por su novedad reconocemos– que hace de cada una de sus piezas una fina declaración de la certidumbre de una realidad tan definitiva como pendiente a la medida de nuestra posibilidad de iluminación.

Los lujosos cuadros de Fernández son ejemplo de un admirable uso del color, de un oficio que sabe extraer a ese color todas sus posibilidades por concentración o destello. Su composición es producto de un sentido arquitectónico de la pieza que le otorga esa calidad de edificación afianzada en el tiempo. Su dibujo revela no sólo el amor y conocimiento del creador por la línea y su función ineludible, sino también esa resonancia del barroquismo más esencial de lo cubano.

No es ocioso afirmar que «Venus», la monumental escultura que presenta el artista en su exposición, y que realizó con la colaboración del maestro fundidor Brian R. Ramnarive, de Empire Bronze, sintetiza en mucho el discurso del creador. Hay en esta pieza toda la opulenta sensualidad frutal, la solidez primigenia, el enigma, el ominoso sentido de defensa de algo precioso, y un palpitante latido lúdico. Es el discurso de un maestro que sigue enriqueciendo la zona en la que la inteligencia, el refinamiento y la belleza confluyen en una unidad irrepetible.

GAY GARCÍA: EL ARTE ES PERSONAL

Gay García resiste todas las definiciones. Tanto como artista que como persona. Es un empecinado que se empeña en vivir a tope y que no diferencia entre su creación y su vida. Sin importarle lo que digan, lo que suceda, vive a contra corriente. Hace lo que quiere cuando tiene deseos de hacerlo. Y cuando no está trabajando, dice, piensa.

No es fácil seguir a este hombre y a su obra. Porque ambas son un casi un incomprensible ejercicio de soledad y honestidad. De absoluta independencia.

En un mundo regido por el orden, por la visión que se considera adulta, Gay García se mueve como una suerte de niño solitario y bueno y terrible para el que la marginalidad centrada en su obra es esencial.

Vive en su estudio, entre sus piezas, instrumentos de trabajo y la colección de moldes que después se convirtieron en esculturas –esos moldes que llama sus manuscritos–. No tiene automóvil porque eso es un problema, pero siempre se las ingenia para desplazarse. Pero también puede reducirse a un sitio silencioso e inhóspito donde la frugalidad es demasiado real. Las complacencias del vivir son para él algo muy distinto a lo que constituyen para los demás.

Gay García se formó en la Academia de Arte de San Alejandro y allí aprendió a dominar su oficio. Después rompió con la «academia», pero siempre reconociendo su importancia. Esta ruptura coincide con una nueva visión del mundo y de las cosas. Da inicio a sus viajes, a otros estudios y experiencias.

La primera de esas aventuras hacia el encuentro de sí mismo fue en México, a donde se traslada a la salida de los claustros. Allí labora con Xiqueiros y descubre una nueva dimensión en el trabajo con los materiales: lo físico en el arte. Esta sería una iluminación central. La entrada en la escultura desde la pintura.

Es en esa época cuando el artista comienza a realizar *collages*, que sentía se le convertían en esculturas. Pero esa metamorfosis no cambia su visión, que reivindica –negando la capacidad de aprehensión tridimensional– como de lo plano.

Esto puede resultar contradictorio, pero funciona tanto en las esculturas como en los cuadros y dibujos de Gay García. Creo que si se puede apuntar una clave en este sentido, radica en la concentración unidireccional que rige la vida del artista. Porque concibe en abstracciones.

La obra de Gay García rechaza la simbología y se cumple espléndidamente en la visualización de estados anímicos que sólo él experimenta, que le pertenecen. Estos llegan a nosotros como obra terminada que en el proceso ha ganado una entidad propia.

Es una producción que oscila entre la violencia y la sutileza. Está más allá de las propias imágenes. Se presenta como un discurso directo cuyo centro focal radica en un único punto aunque multiplique sus ángulos.

Es la rebeldía y la devoción a los materiales lo que informa este diálogo solitario del escultor, del pintor. Desde un profundo amor a la artesanía, al trabajo, Gay García exige a los más arduos materiales una respuesta.

Una vez concebida una idea, Gay García prepara lo que le servirá para plasmarla. A partir de ese instante, entra en su quehacer un elemento fundamental, pero no dominante: el accidente. Porque esas intensas jornadas de trabajo se inscriben en una ceñida espontaneidad que renuncia al facilismo.

Un estilo de creación de esta naturaleza sólo se justifica desde el dominio de un oficio al servicio de la sensibilidad. Aunque la batalla del creador con los materiales es clave, Gay García insiste en no controlar nada. Así, hace de esa libertad que encarna magnífica en sus esculturas y pinturas, una intransferible responsabilidad.

El hecho de trabajar en el marco de la depresión y la exaltación dota a la obra de Gay García de una característica muy singular: una enorme fluidez que se traduce en un todo donde la belleza no radica en zonas, sino que se extiende por toda la superficie transmutada.

Pero hay que insistir en lo físico. Gay García cree que el diálogo entre el artista y su obra comienza en el momento de la concentración personal. En el instante en que tras la iluminación de la idea y su maduración, la intuición urge a realizarla. Entonces, están los materiales.

Estos serán siempre los más arduos de trabajar. Los que no admiten el error. Tan duros como sutiles. Así, hay en su pintura una combinación de la laca y de las tintas. En su escultura, el bronce —en cuyo tratamiento es un maestro—, el hierro.

Lo que resulta sorprendente es que con una materia hostil y elusiva, el artista logre, aun en las concepciones de gran volumen, ese minucioso detallismo lleno de transparencias, de fusiones de color y matices, de relieves que tienen una carga significante.

Sucede muchas veces que por excelente que sea una obra de arte, nos parece que hay algo abierto en ella, la posibilidad de un más. No ocurre esto con los cuadros y las esculturas de Gay García. Al verlos, los percibimos como la expresión de una fuerza intemporal, de un movimiento incesante en su instantánea fijación.

Esta es una obra que hay que observar como naciendo de un plano blanco y desarrollándose hacia la mirada, no en un impulso, sino en todas sus fases, que permanecen. Es la congelación de los relieves vivos, la simbiosis del color más allá de la evidencia del pigmento.

Feliz con su negro y vapuleado sombrero, con su colección de boinas, generoso, hermético, locuaz, tan visible como invisible, Gay García, señor del dominio de los materiales, crea —y sí importan las dificultades económicas— una soberbia obra plástica.

En ella coexisten, indiferenciadas, la materia y el espíritu celebrando la desnuda belleza. Eso que Rilke dijo era el grado de lo terrible que podemos soportar.

PRÓLOGO PARA *GATTORNO:*
UN PINTOR CUBANO PARA EL MUNDO

Este libro sobre el pintor cubano Antonio Gattorno es muchas cosas. Todas son imprescindibles y estaban pendientes. Constituye, desde su condición de redescubrimiento y reivindicación del artista, un reconocimiento a su obra y su rango en la plástica cubana. Esa precisión implica una revaloración sobre su posición e importancia en el marco mayor de la plástica latinoamericana del pasado siglo.

No son esos los únicos aportes del libro de Sean Poole, titulado *Gattorno: Un pintor cubano para el mundo,* para el que escribí un ensayo. Su obra, producto de años de investigación y estudio, es un recorrido por una vida de creación que, singular e injustamente, ha estado en un plano de sombra por demasiado tiempo. Ese hecho es verdaderamente tan insólito como lamentable en una época en que la plástica cubana y latinoamericana disfrutan de un notable reconocimiento y demanda internacionales.

Somos bien pocos los que nos hemos ocupado de Gattorno en este tiempo. Poole subraya que entre las causas que determinan ese olvido de un maestro, que es figura central en el establecimiento y desarrollo del arte moderno en Cuba, se cuenta su compromiso con una creación bajo el signo de la más alta integridad artística. Eso es algo por lo que hay que pagar un precio enorme. Es prácticamente imposible prevalecer en el actual mundo del arte, donde hay tanta mediocridad, si no se forma parte de agendas académicas, críticas, políticas y económicas.

Poole apunta como factor determinante de la virtual desaparición del nombre y de la obra de Gattorno, un artista que valoró al máximo su extraordinario oficio y los territorios de sus temas, su falta de habilidad para promocionarse, para manejar adecuadamente su carrera. A ello se agrega la intransigente franqueza del maestro. Esos factores han deparado el injusto olvido a creadores de primer rango.

Hay otro elemento en esa mecánica de sombras que descendieron sobre uno de los pilares del arte moderno en Cuba. Gattorno es reconocido y apreciado por la crítica americana desde la década del 30 hasta la del 50. Es exaltado por figuras como su amigo Ernest Hemingway, que le dedicó una monografía en 1935 y fue determinante en la decisión del artista de establecerse en los Estados Unidos en 1939. Poole plantea que a partir de ese momento pivotal en la vida del maestro, su carrera sufre un vuelco que determina su desdibujo del panorama de la plástica cubana.

El factor más significativo que contribuyó a la actual oscuridad en torno a Gattorno fue, según el especialista, su exclusión de la exposición «Cuban Painting of Today», celebrada en el Museum of Modern Art, en 1944. Ese punto culminante de la marginación del pintor es atribuido a que en sectores de los medios creativos y culturales cubanos se consideraba que la instalación permanente de Gattorno en los Estados Unidos implicaba una suerte de ruptura con su identidad cubana y todo lo que esto conllevaba. El maestro siempre reivindicó con orgullo esa identidad, pero también manifestó inequívocamente su gratitud a su patria de adopción, en la que prevalecían los ideales románticos de individualismo que le eran tan caros.

La trayectoria personal y creativa de Gattorno es singular en todos los órdenes. Fue un brillante estudiante de arte y lo demostró en Cuba y en Europa. Es uno de los fundadores y pilares del arte moderno en Cuba. Logra un temprano reconocimiento internacional. Su quehacer es comparado con el de grandes maestros contemporáneos, como Dalí. Es un artista cuya sensibilidad y maestría contribuyen a que su pintura sea siempre una exaltación de ese arte por sus valores y calidades formales intrínsecas. Hace de sus cuadros, dibujos, obra gráfica y piezas de cerámica un ejemplo de armonización de la creación pura, un reflejo de la temática de su tiempo y vehículos de una meditación plástica llena de fantasía.

La evolución de Gattorno es en buena medida una confluencia de sus concepciones, la gravitación de lo clásico y el latido, demandas y urgencias de su época. Así, eminentemente personal, inconfundible, su quehacer va desde su fundacional periodo de «primitivismo» hasta su surrealismo, al que sabe incorporar elementos de la estética del expresionismo abstracto como componentes de la arquitectura de sus piezas. Cumple una etapa en la abstracción que alcanza su máxima calidad en la cerámica. Su extraordinario oficio propicia que deje amplia constancia de su brillantez como retratista. Es dueño de un discurso en que el vocabulario se ajusta al tema, intención y momento. Entre sus términos esenciales se cuenta la imagen de la madre y el niño. Tienen el grado de constantes la figura velada, el poeta, el pintor, los bufones, los amantes, los pescadores y figuras icónicas religiosas y mitológicas. Se les agregan elementos del mundo material, la naturaleza y criaturas reales e imaginarias. Un complejo alfabeto ordenado con una absoluta deliberación narrativa.

El óleo «La siesta» (1940) es el retrato de una hermosa mujer desnuda que duerme en un bohío. Considero que es la obra que define plásticamente la pasividad y entrega del Eros cubano. Es uno los cuadros fundamentales de la plástica nacional. Su artífice, señala Poole, «tuvo el lujo de nunca tener que vender un cuadro para vivir desde 1940 hasta el fin de su vida» gracias al apoyo que recibió de su esposa Isabel Cabral. Esto, sin lugar a dudas, contribuyó a su oscuridad, pero también hizo que el pintor pudiese mantener sus ideales de integridad artística y crear algunas de sus obras más significativas.

La contrastada existencia de Gattorno se extingue en la sombra. El éxito y el olvido son sus polos. Está presidida por la intransigente fidelidad a la vocación y a la integridad artística. No vaciló en pagar el más alto precio que puede pagar un creador para ser fiel a sus principios. Como su amigo Ernest Hemingway fue, en el sentido más estricto del término, un incorregible romántico. Fue también un rebelde. No se plegó a las maquinaciones del complejo mundo del arte. Dejó una gran obra. Este libro de Sean Poole es el inicio del rescate de ese maestro y esa obra. Se lo debemos y nos lo debemos.

CARMEN MARÍA GALIGARCÍA: PINTAR LO ES TODO

La pintora cubana Carmen María Galigarcía tiene bien seguras varias cosas que son inseparables de su quehacer. En primer lugar está su afán de mantener la tradición de la Academia de Arte de San Alejandro y de maestros como el desaparecido Félix Ramos, que impusieron toda una tradición en el arte nacional.

En segundo término, para Galigarcía es fundamental mantenerse también en la temática y el espíritu de trabajo de su maestra Mariapepa Lamarque, una de las mejores pintoras de flores de la plástica cubana y, no cabe duda, de la latinoamericana. Nunca le agradeceré lo suficiente el extraordinario cuadro que pintó para los quince años de mi hija Liana María, que sólo Dios sabe donde y en que manos está tras nuestra salida al exilio.

Y en esa trinidad de cosas importantes para la artista está el viajar, lo que ha hecho y hace de manera incesante por el hecho de estar casada con un ejecutivo de la industria de la aviación. Esos viajes se traducen, casi por gravedad, en un flujo de nuevas piezas que incorporan ampliadas perspectivas al repertorio de imágenes de la pintora. Un discurso en que es fundamental el paisaje, de manera especial el paisaje marino, y la naturaleza, sobre todo las flores y la vegetación que dominan tanto de sus pasteles, acuarelas y óleos. Lo que no aparece en el quehacer de Galigarcía, o lo hace por gravitación del tema e imagen, es la figura humana.

Esos tres factores que hemos mencionado y su acarreo informan la nueva colección de obras que presenta la pintora en el espacio de One Brickell Square, en Miami, que está dominado por los paisajes abiertos, la naturaleza en su espontaneidad, y las flores, muy en el latido que aprendió bien la artista de Lamarque y de otros maestros afincados en el espíritu de la academia, básica en su formación, que inicia en las aulas de la Academia de Arte de San Alejandro, continúa en el Miami-Dade Community College y, concluye en la Universidad Internacional de la Florida (FIU).

Galigarcía ha obtenido diversos premios y distinciones, entre los que se cuenta un primer premio en dibujo en San Alejandro, en 1960; un segundo premio en acuarela otorgado por la International Orchid

Society World Conference en Miami, en 1984, y ese mismo año, también en Miami y en ese medio de agua que tan bien domina la expositora, los dos primeros premios concedidos por el Eastern Airlines Art Festival. El galardón más reciente obtenido por la artista es la primera mención de honor durante el National Capital Orchid Society 44th Annual Show, en Washington, D.C., en 1991.

Las obras de la artista figuran en colecciones públicas y privadas entre las que destacan el Bass Museum, de Miami Beach, y la Casa de Gobierno y el Museo de Arte de la Ciudad de Belém, en Brasil. Galigarcía ha presentado exposiciones personales en Miami, Tallahassee, Puerto Rico, Brasil, Jerusalén, Indianápolis, Nueva York, París, Valparaíso, Buenos Aires y Costa Rica, y ha participado en incontables muestras colectivas tanto en Estados Unidos como en el extranjero.

En la colección de obras expuesta, entre las piezas consagradas a las flores destacan «Hojas de mi patio» y «Rosas de mi jardín». El primero es un óleo sobre madera y el segundo es un óleo sobre tela. Ambos hacen patente el dominio que tiene la pintora de esta especialidad en que la delicadeza es primordial, a la vez que es imprescindible lograr un equilibrio compositivo de los elementos de la pieza y alcanzar, a partir del tratamiento y los efectos adecuados, la realidad de flores y hojas, su plenitud en un instante fugaz.

Galigarcía utiliza una pincelada llena de transparencia y la vibración de leves texturas en su tratamiento de las rosas, a las que se acerca con ánimo impresionista, en tanto que en la pieza dominada por las hojas, sabe destacar los matices y variaciones cromáticas e irregularidades de las superficies, estableciendo a través del color y sus sutiles transparencias y densidades las huellas del paso del tiempo.

Desde las flores como concentración y absoluto de imagen, las más expresivas piezas de la colección son los paisajes de la expositora. Por supuesto, no falta el urbano, esos rincones de la ciudad que la pintora hace suyos en sus viajes, como el óleo «La puerta azul», que plasma un área del norte africano. Pero, sin lugar a dudas, con mayor fuerza comunicante y poética, al igual que los cuadros de flores y hojas, hay que destacar las piezas dedicadas al paisaje abierto, en que la naturaleza se plasma en toda su exuberancia, en su apertura y en su intimidad.

En este sentido tiene un especial interés la comparación de dos lienzos que, en esencia, son la figuración de una senda entre la maleza. Se trata de «El jardín de mi primo», caracterizado por la fuerza tropical de la vegetación, y «Jardín Botánico del Bronx», en que la densidad de esa vegetación es más intrincada pero, a su vez, más delicada. No sólo la composición de ambos cuadros es muy semejante, sino también el empleo de los colores, lo que revela la establecida paleta de la artista. Esas semejanzas en nada disminuyen la efectividad y encanto individual de cada pieza, lo que sirve para testimoniar la sensibilidad de Galigarcía en el tratamiento del paisaje.

Delicados, con un deliberado afán de exaltar la belleza de la naturaleza en lo mínimo y lo máximo, en lo efímero y en lo permanente, ricos en color, muy dentro de una tradición académica que es verdaderamente entrañable para la artista, esta colección de nuevas obras, ejecutadas desde la pasión ascendente de su quehacer y el latido de la poesía, reafirma que para Galigarcía pintar lo es todo.

LOURDES GÓMEZ FRANCA: IMÁGENES TORTURADAS

Lourdes Gómez Franca lo dice de modo tajante: «Mi pintura es sobre el sufrimiento». Pero no es necesaria su afirmación. Esa realidad está en sus cuadros de formato mayor e intensos colores básicos distribuidos con violencia por medio de la espátula.

Que el sufrimiento sea la impronta de esta pintura es tan natural como paradójico. Porque la vida de la artista –que disfrutó de las complacencias al alcance de una joven de la sociedad cubana– está marcada por el dolor casi desde su nacimiento, cuando pierde a su madre en trágicas circunstancias.

Muy joven, Lourdes Gómez Franca –que también escribe poesía– comienza a estudiar en San Alejandro y a exponer. En 1957 marcha a París y se incorpora a los talleres de Andre Lhote y Stanley Harter. Pero esa formación se ve interrumpida por la enfermedad, que la obliga a regresar a Cuba.

Estos años iniciales del quehacer de la artista se caracterizan por una pintura de gran delicadeza, tanto en la concepción como en la ejecución. Su temática son los interiores cubanos, las figuras religiosas, y aspectos de la naturaleza. Es una época armoniosa, idílica.

Este acercamiento a su trabajo comenzara a cambiar significativamente cuando Gómez Franca sale al exilio en 1960, y su salud se resiente. No obstante este cambio de vida y circunstancia en todos los órdenes, la artista trabaja de manera febril, obsesiva.

En un arduo momento en que los pintores cubanos exiliados casi no podían centrarse en su oficio, Gómez Franca lo siguió, asumiendo todos los riesgos, haciendo frente a lo adverso que se le oponía. Aceptando los sacrificios que implicaba su decisión.

A lo largo de años difíciles que para ella no han cesado, Lourdes Gómez Franca sigue pintando y escribiendo –dos actividades que para ella son indivisibles– y expone cada vez que tiene oportunidad de hacerlo.

Pero el paso del tiempo, la lucha por la supervivencia y los problemas de salud, van determinando un giro absoluto en la obra de la pintora. Si comparamos su primera etapa con la última, repararemos que el vuelco es de 180 grados.

El quehacer de Gómez Franca se ha ido concentrando en la figuración de flores, desnudos, catedrales y paisajes cubanos. Estas imágenes podrían parecer una evolución natural, pero la factura establece una diferencia categórica. La delicadeza ha sido sustituida por la fuerza. Predomina la crispadura.

Es como si ya el color y el margen natural de las personas y las cosas perdieran sus realidades o las recompusieran en base a trazos que establecen las formas a partir de anchas delimitaciones. Esta concepción se realiza disponiendo como nervaduras que se imponen sobre el color, cuya función es alegórica.

Aunque la pintura de Lourdes Gómez Franca es figurativa, su representación de la realidad es simbólica y la domina el subjetivismo. Esta obra no pretende reflejar lo evidente, sino plasmar una visión del espacio interior: ir al otro lado del espejo. Este reverso es el de la angustia, la agonía y la nostalgia sin salida. Un mundo de glacialidad en que todo está condicionado a sus propios demonios. A valores que rebasan los márgenes de la lucidez.

Los cuadros de Lourdes Gómez Franca son un testimonio de la tragedia de la criatura arrancada de sus posibilidades naturales, pero sin la pérdida de su memoria y sus deseos. Dicen de un cautiverio tan insoportable como absurdo.

Ese universo sofocante tiene en la pintura de Gómez Franca una sutil vía de escape: la religiosidad. Es ese sentimiento final el hilo que articula la obra de esta artista que fragua incesantes visiones de lo terrible. Pero no lo hace a partir de la especulación, sino desde una tan inconmovible como elemental fe que se cumple en su natural aceptación.

La pintura de Gómez Franca es también una respuesta incontrolable a algo que es consubstancial a su vida y experiencia: las limitaciones de toda índole. La artista tiene una inagotable urgencia de espacio real que proclama en sus grandes formatos. En sus crudos colores que surgen desde un fondo blanco que servirá de catalizador al pigmento y la composición.

Este auténtico quehacer –tan vuelto sobre sí mismo– acusa devociones e influencias. La básica: el expresionismo alemán. Pero también Modigliani se hace presente en el alargamiento de la figura. Van Gogh en la pureza retorcida del simbolismo cromático. Roualt en la articulación de la línea y el color, y en el rechazo de la negatividad en la conducta humana. Soutine en el empaste y la crudeza. En resumen: la confrontación en el lienzo de la inocencia y el dolor, desde una mirada a ras de mundo.

La vocación y el ejercicio de la pintura son para Lourdes Gómez Franca una actividad absoluta. Una prisión y todo el horizonte. Y no hay en esto un sentido metafórico. En un ensayo de Julián Marías que leí hace muchos años, el filósofo español hablaba de «las seguridades inseguras» que son dudoso patrimonio del hombre. Creo que las imágenes torturadas de Lourdes Gómez Franca son un exponente tan absolutamente personal como contemporáneo de ese fenómeno.

Estos son cuadros que preguntan y responden. Que dicen y callan. Sólo que esta apertura se verifica desde los centros de un mundo hostilizado que no reacciona con la violencia sino con la fuerza inmóvil. Son los trazos y los colores abrumados del sufrimiento. Una pintura tan difícil como auténtica. La que entiende y vive Lourdes Gómez Franca.

GONZÁLEZ-TORRES: ARTE DE REGALO

Es algo insólito. A todas luces es un robo. Pero los numerosos guardias observan impávidos como los visitantes se llevan las piezas de la exposición. El museo se ve obligado casi diariamente a reponer los materiales desaparecidos. Hacia el término de la muestra en unas semanas, gran parte de las salas circulares quedarán casi vacías. La obra se habrá dispersado.

Nada puede hacer más feliz que esa dispersión a Félix González-Torres. El que los visitantes a su retrospectiva en el Guggenheim Museum, de Nueva York, se lleven su obra significa que ha logrado uno de los objetivos centrales de su carrera: la interacción con el público. La comunicación.

Esta retrospectiva de su labor de 10 años en uno de los museos más importantes del país y del mundo es para este creador nacido en Guaimaro, Cuba, en 1957, que creció en Puerto Rico y que, desde 1979, reside y trabaja en Nueva York, una verdadera consagración en el mundo del arte.

Su reacción a este triunfo es tan singular como su propia obra. Una obra que incluye fotografías, piezas basadas en textos, vallas, guirnaldas eléctricas, pilas de papel, caramelos, documentación fotográfica de su obra en exteriores.

«Nunca estoy contento con lo que hago», dice González-Torres. «La exposición vino en un momento en que no la quería hacer. Pero como no tengo estudio, cada vez que hago una obra y se instala es la primera vez que la veo. Ya he visto la muestra. Lo que más me gusta es The Reading Room –en que está instalada una de sus vallas–, por la atmósfera de paz que desarrolla. Estoy loco por empezar a hacer obra nueva».

Nancy Spector, curador de la muestra, señala que las características fundamentales de esta retrospectiva parten de la voluntad de resaltar la belleza y la poesía de la obra de González-Torres, y hacer salir poco a poco sus temas.

«Hasta este momento, la obra de González-Torres se singulariza por su sentido de colaboración e interacción con el público», dice Spector. «También por su fundamento en los modos de distribución en arte y comunicación. Y, al mismo tiempo, porque es sobre el amor y la pérdida, la dicha y la espera».

«Esta retrospectiva es una culminación para González-Torres», añade Spector. «Marca el fin de su uso de papeles, caramelos y bombillos. Su aceptación pública aumenta después de esta muestra. Pero él es muy riguroso y crítico, y creo que seguirá adelante».

El artista, que trabaja en su mesa de comer y es conocido por su trabajo eminentemente público, es hermético sobre su creación futura. Entre este tipo de creación pública, que marca el inicio de su carrera, y la obra para exteriores establece una abismal diferencia. La pública exige interacción con el público; la de exteriores hay que elaborarla a partir de la perdurabilidad de los materiales».

«No tengo idea de lo que haré en lo adelante», dice González-Torres. «Pero no quiero crear situaciones. No deseo que toquen la obra. Ya he pagado mi tributo a muchas cosas y he aprendido a soltarme. La obra que quiero hacer es 'aburrida', pero bella».

Ese afán de belleza que reivindica el creador revela en parte su compleja personalidad. Para muchos, el expositor puede ser considerado como un artista comprometido. Su trabajo en diversos medios y múltiple reproducción se ha volcado críticamente sobre historia y sociedad, la crisis del sida, los derechos de los gays, la vigencia y efectividad del sistema político.

Figura significativa de la vanguardia desde los años 80, e integrante del colectivo artístico-político Group Material, González-Torres es igualmente una figura que tiene la capacidad de movilizar grandes amistades y lealtades personales, a la vez que defiende celosamente su intimidad. Aunque a veces esa intimidad se filtra sutilmente en su trabajo.

«El es una figura importante para mi generación y fue el primer artista que presenté», dice su galerista, Andrea Rosen. «Por mucho que he visto su trabajo, siempre me he sentido profundamente tocada por su increíble presencia y el respeto que tiene a su obra. Trabajar con él es una oportunidad de acceder a su pensamiento y su increíble generosidad. Le entrega todo a sus relaciones. Con él he aprendido a no tener miedo a dar».

«En lo que concierne estrictamente a su creación», agrega Rosen, «lo más asombroso es ver que al igual que él transforma la vida de las personas, el arte todavía tiene la capacidad de transformar esas existencias».

Su propia existencia se afinca en la reconciliación de elementos que para muchos pueden parecer contradictorios, pero que son perfectamente armónicos. Como condición central, la defensa de su vida privada y la colocación de la obra en primer plano.

«No me dejo fotografiar», dice González-Torres. «Lo detesto. Lo que hay que retratar es la obra. Además, me gusta la privacidad. El anonimato es un lugar muy seguro. Por otra parte, nunca me ha gustado como me veo».

«Tampoco quiero que se me identifique como abanderado de nada», prosigue diciendo. «Cuando uno inicia su carrera puede elegir entre ser usado o dormir tranquilo. Mi obra es inclusiva. No quiero ser utilizado como oposición. Quiero verme como un espía, el que parece una cosa y no lo es. Si alguna vez accedo al poder es para actuar».

Sus alumnos de arte de New York University forman parte de la exclusiva nómina de las personas que más se benefician de la presencia de este creador que busca el anonimato que tantos de sus colegas rechazan ferozmente. Enseñar es parte de su vida.

«Pero para mí todo es una sola cosa. No estoy compartimentado», explica el artista. «Enseñar ha sido una bendición, porque no sé si lo puedo hacer, pero si hay algo de que estoy seguro es que lo doy todo. Cada día tengo más variedad de alumnos en mi asignatura, Paisaje Social. Eso crea una situación excitante, por la diversidad de la clase».

En cierta manera heredero del minimalismo de los años 60, también un artista posconceptual, pero a su vez profundamente original, este creador, cuya obra casi no existiría sin el trabajo del que la adquiere –al que González-Torres traspasa con gran libertad la responsabilidad de su sucesiva creación– es un exponente del enigma y el riesgo del arte del fin del siglo XX.

Quizás es un ejemplo excepcional de ese todavía no catalogado artista finisecular. Tiene información y formación. Está calado por un profundo sentido de desafío. Desdeña lo trillado. Posee las dotes del mixtificador. Lo domina una pasión comunicativa que tiene mucho de ética. Reivindica un sutil espacio para la experiencia personal en la obra. Oscila entre la malicia y la ingenuidad.

La posible identidad en creciente progreso de González-Torres podemos encontrarla en obras como «Untitled (Perfect Lovers)», formada por dos relojes idénticos contiguos, cuyas manecillas marcan la misma hora; «Untitled (USA Today)», una instalación de dimensiones variables formada por caramelos envueltos en papel de celofán rojo, plata y azul; «Untitled (Republican Years)», una pila de papeles impresos en offset con unas líneas que pueden sugerir el recuadro de una esquela mortuoria. Pero hay más.

«Hay en mí muchas facetas», afirma el expositor. «No sólo están en mí Borges, Gertrude Stein, Rilke, también está Lezama Lima y también Celia Cruz. Pero no quiero que me digan como debo parecer. Hay gente a la que le gusta hacer un rol. Pero siempre hay que pagar por todos los papeles que se representan».

Quizás, cuando González-Torres menos representa, porque siempre se representa, es cuando cocina. El artista que trabajó durante 10 anos en restaurantes para mantenerse y estudiar, y que dice que nunca cesa de trabajar, es feliz en la cocina.

«Me gusta cocinar», asegura el creador. «Y en eso soy buenísimo. Hago la mejor carne ripiada con vino blanco del mundo».

Ese plato puede compararse en cierta forma con su creación. González-Torres, también en la mesa de la cocina, concibe su obra. Al igual que la carne ripiada, esta existirá cuantas veces se repita a partir de sus instrucciones.

Y eso es poesía.

ILEANA FERRER GOVANTES: IMÁGENES DE AYER Y DE HOY

Hay dos requisitos esenciales para realizar una obra de creación: dominio del oficio y tenacidad. Estos dos factores garantizan un nivel de calidad y acabado y también sirven para definir un lenguaje propio al paso de los años. Conviene, de tiempo en tiempo, volcarse sobre un cuerpo de trabajo, examinar sus constantes y diferencias, establecer el hilo de su continuidad y revisar el discurso formulado en las extensas jornadas de trabajo. Una vez hecho esto, una selección de ese conjunto creativo se debe compartir con el público para testimoniar el desarrollo que da fe de la identidad y creatividad de un artista.

En «Imágenes de ayer y de hoy», la pintora cubana Ileana Ferrer Govantes lleva a cabo ese empeño, reuniendo lienzos ejecutados a lo largo de más de una década, que se agrupan en cuatro conjuntos: las colecciones «José Martí», «Las palmas son novias», «Amor» y «Vitral». Es característico de esta artista trabajar en agrupamientos que se definen por alguna intención o imagen específica, aunque en su factura hay una singular coherencia y estabilidad en el lenguaje empleado. También cabe señalar que existe un sistema de vasos comunicantes entre las colecciones en que la reiteración de elementos tanto reales como simbólicos establece una supraimagen.

Estas cuatro colecciones de Ferrer Govantes, como las que ha realizado a lo largo de una extensa carrera profesional que inició en 1951 tras graduarse en la Academia de Bellas Artes de San Alejandro, en La Habana, son exponente del hilo conductor de su quehacer. En su espectro destaca el dominante uso de la figura humana; la devoción por su patria encarnada en su figura mayor, el Apóstol de la Independencia José Martí, e igualmente plasmada en símbolos como la palma y el vitral; y el amor, en que vuelca sentimientos entre los que destacan la maternidad y todos los valores que, desde la belleza, caracterizan a la mujer.

La larga carrera de la artista, que no logró interrumpir su temprana salida al exilio, es ejemplo de una férrea voluntad de trabajo y de seguridad en sí misma y en su pintura. Todo esto se fraguó en sus años formativos en San Alejandro, donde tuvo el privilegio de estudiar con personalidades del arte cubano como los pintores Leopoldo Romañach, Domingo Ramos, Sylvia Fernández Arrojo, Luisa Fernández Morell, Esteban Valderrama, Augusto Menocal y el escultor Juan José Sicre. En su formación son también significativos los estudios y la colaboración con el muralista mexicano Chávez Morado; dos años de estudios en la facultad de Educación de la Universidad de La Habana y, ya en el exilio, varios cursos de arte y diseño interior que tomó en Falls Church, Virginia, donde tuvo un estudio entre 1967 y 1972 y siguió pintando y dando clases.

En Cuba, antes de salir al exilio, Ferrer Govantes fue profesora de dibujo, diseño y decoración en 1957, en la Universidad Nacional Masónica José Martí, en La Habana. De igual suerte, fue Directora del Departamento de Artes Plásticas del gobierno provincial de la capital cubana y laboró igualmente en su Departamento de Arquitectura, donde organizó exposiciones y festivales de arte.

En esa época, la artista realizó sirviéndose de varias técnicas, una serie de murales en residencias y negocios y murales didácticos en escuelas. En esta faceta de su quehacer, cabe resaltar el que considero su mural de mayor relevancia, «La divina creación», en The Chapel. Colombia Baptista Church, Virginia. En todos sus murales es posible apreciar, más allá de las técnicas empleadas para su ejecución, la constancia del lenguaje expresivo de la pintora.

A lo largo de los años, tras su salida al exilio, Ferrer Govantes ha expuesto tanto en los Estados Unidos, como en América Latina y Europa. Ese quehacer le ha valido diversos galardones y reconocimientos. Su obra figura en colecciones privadas y públicas y la pintora es miembro de numerosas asociaciones artísticas y profesionales. Es significativo resaltar que a pesar de su copioso y constante quehacer, esta artista se dedica con tanto tesón como entusiasmo a la enseñaza de la pintura.

Al acercarnos a la obra de Ferrer Govantes debemos tener en cuenta dos factores esenciales que confluyen y se funden finalmente. Uno de ellos es el apasionado valor que da la artista a su formación académica y su apego a todo lo que aprendió en los claustros de San Alejandro. Desde esa fidelidad, elabora un repertorio de imágenes que a lo largo de los años han establecido su identidad y que se caracterizan fundamentalmente por la limpieza de las líneas, una arquitectura de planos de color y la evidente intención o carga simbólica que dentro del más estricto realismo singularizan a su pintura.

El otro factor esencial del quehacer de la artista es su apego al uso constante de la figura humana como absoluto expresivo. Es a través de ella que estima puede comunicar a plenitud una imagen-mensaje. Esa figura domina toda su obra y en los murales sirve de síntesis expresiva de hechos e ideas. Podría decirse que se constituye, como en todos sus cuadros, en centro y razón absoluto del universo real y creativo de la pintora. Al paso del tiempo, en su producción, sin dejación del detalle fundamental, estiliza a sus máximos a la figura. Una figura que, salvo en los lienzos martianos, es esencialmente femenina.

Es de resaltar en «Imágenes de ayer y de hoy» como la historia cubana encarnada en su dimensión mayor en la figura de José Martí y en su obra se ha convertido para Ferrer Govantes en tema esencial del que se desprende una imagen tanto de la realidad como la memoria y la posibilidad cubanas. Así, el autor de *Ismaelillo* deviene fuente de inspiración y, a partir de su latido, se conforma el paisaje cubano en sus magias, evidencias y deseos. Martí es para la artista, manantial del que brota un paisaje y es, a su vez, sustento de ese paisaje arrebatado.

En este sentido, quiero recordar aquí las palabras de un desaparecido maestro cubano, nuestro común y entrañable amigo, el escultor Enzo Gallo: «Ileana Ferrer Govantes, nuestra gran pintora contemporánea, ha logrado plasmar con magnífica creatividad, en todos sus cuadros alegóricos a la ejemplar vida del Apóstol Martí, todo su talento como artista, interpretando fielmente sus valores intelectuales y morales, utilizando su estilo abstracto-figurativo, enfatizando con transparencias toda su cubanía y patriotismo. En su pintura, Ileana transporta a Martí hacia un plano universal».

Desde el lienzo «La rosa blanca», cuyo realismo y fantasía le otorgan una calidad abstracta adicional a su realismo, hasta «La música de la selva», del *Diario de campaña*, en que en un espacio ideal, onírico, se congregan palmas, arcos de medio punto, figuras femeninas, la estrella solitaria y blancas palomas que aluden a una fija y perdurable calma, nos encontramos en esta pintura de presencia hecha en la distancia, esa gran delicadeza que es firma de estilo de Ferrer Govantes.

Esa delicadeza se multiplica en las otras colecciones, como «Amor», en que la feminidad se expresa en su absoluto y la maternidad exalta su remansada fuerza vital ante el subrayado de los vitrales, tan esenciales a la arquitectura cubana. Palmas, vitrales, estrellas, noche como patria otra, son mágica cifra en estos cuadros en que apreciamos una unidad que participa de armoniosas variantes.

Esas variantes dentro de esa figuración que es central en el quehacer de Ferrer Govantes pueden caracterizarse señalando que la pintora muchas veces estiliza sus imágenes y, de igual suerte, las funde en pos de un efecto tan visual como dramático. De la misma manera, en el armonioso tránsito de sus composiciones en que muchas veces la figura es centro dominante y los fondos son trabajados con imágenes-símbolos, vemos en esta creación un afán de estilización geométrica en que predominan la línea curva y la demarcación de planos. De esta suerte, puede aventurarse que una zona fundamental de esta obra se afianza en una reconfiguración de una realidad definitiva para que su nueva posibilidad de observación e inteligencia exalte su esencia y carácter.

Aunque la búsqueda creativa de Ferrer Govantes no cesa, la selección de los lienzos que agrupa en «Imágenes de ayer y de hoy» nos revela como al paso del tiempo, la pintora cubana ha ido acendrando una producción artística que mantiene la misma pasión con que se inició décadas atrás en los claustros de San Alejandro; se vio expuesta al desgarramiento del exilio tras empezar a establecer un discurso en su patria ahora tiranizada y debió recomenzar haciendo frente a la adversidad en el destierro.

Así, esta pintura es expresión de algo que siempre he pensado caracteriza al quehacer de esta artista tan fiel a sus recuerdos y sus valores. No es otra cosa, como en más de una ocasión he manifestado, que lo tenaz de su quehacer; su voluntad de simple, inmediata, participable e íntima belleza y de profundo sentido humano, espiritual y patriótico. Estos cuadros se nos ofrecen como «Imágenes de ayer y de hoy». En verdad son imágenes del siempre de Ileana Ferrer Govantes.

PEDRO HERNÁNDEZ:
CINCUENTA AÑOS DE CREACIÓN

Aun creador, sea cual fuere la disciplina a la que se entregue, hay que juzgarlo en la evidencia de una obra única y, a partir de ello, buscar la continuidad que lo define desde los elementos, tanto evidentes como sutiles, de esa obra, en su presencia, evolución y desarrollo en el conjunto de su creación. Algo que puede designarse como su firma de estilo. Este libro, *Pedro Hernández. Line in movement,* pretende ser un posible mapa para evidenciarla en la obra del escultor cubano Pedro Hernández, desde la perspectiva de cincuenta años de trabajo, 1957-2007. Hay tres aproximaciones a ese empeño. La fundamental es la escultura, que encuentra complemento en los *cut drawings,* dibujos ejecutados con papeles de colores precisamente cortados en pos de una estilizada imagen, y en la cerámica, en que de nuevo la línea como sugerencia tiene un sentido tanto lúdico como lleno de sensualidad, dos características inherentes al quehacer del artista.

Para el escultor, que siempre ha favorecido la madera para la ejecución de sus piezas, hay en cualquier trozo de madera, muchas veces encontrado, una forma latente. Y, a su vez, para él lo orgánico es esencial a la forma. De esta suerte, en sus esculturas, la devoción por lo orgánico ha hecho que asuma como signo básico de su visión creativa el que forma y movimiento se conjuguen en una rotunda negación del estatismo. Esto constituye una exaltación de la oscilación, el lanzamiento, el desplazamiento pendular y la proyección.

De igual suerte, las esculturas de Hernández, aunque en ocasiones la forma sea rotunda, siempre tienden o aluden a un impulso ascensional. Ese rasgo nada tiene que ver con la monumentalidad, sino con la voluntad del artista de plasmar una forma, un universo tan definido como evaporado que constituya tanto un regalo para la vista como para el tacto. Que invite a acariciar la pieza y recorrer sus protuberancias, la sugerencia de sus superficies y sus oquedades que, no es ocasional, eleva expresivamente con el uso del color. Otra vez la sensualidad como latido definitorio. Una sensualidad en que las líneas deben mucho a la refinada exquisitez del *art nouveau,* que Hernández siempre ha conjugado desde la destilación de las imágenes centrales del arte africano y el de Nueva Guinea. Y otra vez la provocación lúdica de la pieza. No es ocioso que de niño, el artista hiciera juguetes en barro y toda suerte de materiales a su alcance. Lo singular es que pasara de lo figurativo de esas piezas-juguetes de la infancia a la abstracción. De igual suerte, que lo efímero de los materiales utilizados en esos primeros años hiciera que buscara en otros materiales, como la madera, una permanencia. ¿Y por qué no el bronce? Sencillamente porque no tenía un control absoluto del terminado del material, algo casi obsesivo para el escultor. En ese transcurso, también la abstracción pasará a primer plano a partir de su estudio y contacto profesional con el cuerpo humano.

Al cabo de cincuenta años de quehacer, esa voluntad, búsqueda, consecuente evolución y obra terminada –que como sucede cuando se escribe poesía ya es del otro al cabo del último verso, ya pertenece al que la lee, y en el caso del escultor, del que contempla y acaricia la pieza–, la obra de Hernández se justifica y trasciende en la carnalidad de lo tridimensional. Pero he aquí algo que también sucede a algunos poetas en otro orden de expresión. Esa obra ha hallado horizontes y posibilidades en el dibujo y en la cerámica.

En el caso de Pedro Hernández, el dibujo es el *cut drawing*. Son, lo repito, obras en papeles de colores exquisitamente cortados y superpuestos. Algo que en lo bidimensional es una variante de lo escultórico. Unas piezas en que dominan grandes planos de color en que a través de precisos cortes se establecen imágenes y formas. El origen de estas piezas parte del conocimiento de Hernández de las molas panameñas, que hacen los indios cunas. Estas encantadoras obras, y utilizo deliberadamente el adjetivo encantadoras, buscan desde su factura una expresión de volumen. Son evidente testimonio de la gravitación que ejerce sobre el artista el uso del color, que tiene su piedra miliar en ese gran colorista y amigo del creador, ese maestro esencial y renovador del arte cubano que fue Víctor Manuel.

En el cuerpo creativo de Pedro Hernández la cerámica es consecuencia natural de la escultura y los *cut drawings*. Persiste en sus piezas la simplicidad, la alusión e, insisto en ello, lo lúdico y una natural sensualidad. Sus platos, horizonte de imágenes, vivencias y sueños, comunican un sentido de levedad y de júbilo que participa del siempre de la creación, el deseo y la imaginación.

Este libro que abarca cinco décadas de creación, y todo artista necesita un volumen que sea expresión posible y siempre insuficiente de su quehacer, nos permite adentrarnos en el universo de Pedro

Hernández. Un creador en que la simplicidad y la exquisitez constituyen un testimonio de su visión de lo inmediato, lo deseable y lo bello. Conformar esa obra es una celebración de su entrega y creatividad. Lo define en su siempre.

EL REAL MUNDO MÁGICO DE GLYN JONES

Son pocos los artistas capaces de crear un mundo mágico, fantástico y, a su vez, absolutamente real. Un universo sin tiempo que surge del pasado y se hace excepcional por su vigencia, profundidad y belleza.

Ese milagro es un hecho cotidiano para el pintor Glyn Jones que por muchos años residió en Cuba y, al instaurarse el régimen castrista se radicó en Barcelona.

Hoy se inaugura en Vanidades Gallery, de Miami, una muestra de la extraordinaria obra de este artista que reside actualmente en Coral Gables. Y se repetirá un fenómeno muy singular. Todos los que visiten la galería aceptaran esta pintura de inmediato.

Quizás el secreto de esa aceptación de la obra del maestro Jones tiene que ver con la exquisita belleza de sus cuadros. Muchas veces sus lienzos hacen pensar en increíbles tapices que ya es imposible realizar.

Pero lo que distingue a esta pintura es su capacidad para fundir poéticamente los mitos, la música y el rico espectro de la realidad del hombre. La modernidad del artista tiene una decisiva estirpe clásica.

«Los mitos que se pierden en la historia explicaban lo inexplicable», dice Jones. «Al hacerlo daban realidad a verdades profundas. A los ojos de la ciencia esas explicaciones pueden ahora parecer absurdas, pero su mensaje es básico, todo lo trasciende y toca al hombre».

La permanencia de lo mítico hace que el creador busque expresar esas verdades profundas que forman la realidad cotidiana, a través de los personajes mitológicos con los que cualquiera puede identificarse. El mundo de la mitología es muy real para el pintor nacido en Gales, que cree que la esencia del hombre es invariable.

Por eso no resulta extraño que lo mitológico de la pintura del maestro Jones se vincule indivisiblemente a la música. El artista no sólo pinta escuchando música, sino que también es un profundo conocedor de ese arte.

«La música es la expresión natural más honda del hombre», manifiesta el pintor. «Es esencial al hombre. A la hora de pintar, yo pienso mucho en la terminología musical».

Jones explica que una pieza musical se construye cuidadosamente. Para ello se requiere el dominio de los instrumentos, el empleo de pausas, frases y otros elementos. Todo ese proceso crea un balance expresivo y armónico.

«La construcción de un cuadro, para mí, sigue el mismo proceso de creación de una pieza musical», dice Jones.

Lo musical tiene que ver más de lo que uno pueda imaginar con el uso del color que hace el pintor. «No puedo separar la música del color», afirma Jones. «Para mí los colores son como los instrumentos de una orquesta. Entre esos instrumentos hay un balance del que depende la efectividad de la composición. Ya en función de color, yo busco la armonía».

El artista estima que hay ciertos colores que causan una particular reacción en las personas. Considera que esa reacción es vital para el impacto inicial de la obra y para su comprensión a largo plazo. Es por eso que crear esa respuesta a través de la paleta es algo que siempre le ha preocupado.

El poeta y crítico de arte español José Hierro, califica a Jones como «un visionario del color. Un exquisito visionario». Al comentar su trabajo, Hierro explica: «Lo que él ve son nubes, acordes, premoniciones. Y las va expresando con un idioma plástico de rica cocina. Lo que es innegable es que hay en este artista angloamericano, un germen de arte muy personal, mensajes inquietantes bajo la piel de una bella expresión pictórica».

Formado artísticamente en Inglaterra y París, donde se especializó en la técnica de la pintura al fresco, Jones es un eminente paisajista. Sabe captar la fugacidad de la luz de los paisajes y fijarlos en una indescriptible inmovilidad. En esa quietud logra plasmar la resonancia de una vida que no se detiene.

Pero si su maestría como paisajista es notoria, el mundo en que verdaderamente se siente a sus anchas es el que le permite pintar a la figura humana.

«Mi amor por la figura quizás es producto de mi educación clásica», dice el maestro. «En la época en que estudié, la figura era lo primordial. Trabajábamos mucho con modelos. Recuerdo que hasta íbamos a los hospitales a pintar cadáveres».

Esa formación hizo que considerara a la figura como algo inescapable.

«Yo no puedo ver arte si no hay figura. Sigue siendo el gran tema. Nunca se agotará», afirma el expositor. «Un magnífico ejemplo de su importancia nos lo dio Picasso. Él pintó la figura de infinitas maneras y estilos. Fuera cual fuera el tema de su obra, en ella la figura es predominante».

Las de esta muestra, tan reales como simbólicas, encarnan todos los registros de la experiencia del hombre. Son Ícaro, Fedra, Edipo, Aquiles, Casandra... Jones les da una nueva vida con sus colores y ricas texturas, con su dibujo tan preciso como delicado. Al hacerlo nos hace entrar en un mundo fabuloso. Es algo que solo puede lograr un maestro.

JULIO LARRAZ Y SUS HISTORIAS

Una singular característica de la apreciación de la obra de Julio Larraz, un maestro cubano con un definitivo lenguaje plástico, es que siempre se especula no cómo pintará el próximo cuadro, cuya belleza y rango se dan por descontados, sino qué contará en esa obra.

Porque Larraz es esencialmente un pintor narrativo, un creador que necesita hacerse a sí mismo historias que después comparte a través del lienzo con nosotros. Esa urgencia narrativa del artista, esa necesidad de embellecer la realidad de la realidad, de mitificar, es esencial a su propia vida cotidiana. Su ambiente doméstico está fraguado como uno de sus grandes lienzos.

Larraz halla tema, motivación para sus historias en múltiples fuentes. Pueden ir desde la mitología hasta el aspecto de un individuo, la historia y la mitología, el paisaje, la misma ficción, la realidad cotidiana, los objetos, la naturaleza y la temática establecida por la historia de la pintura.

Es por eso que gusta rodearse no sólo de cosas hermosas, sino insólitas; la nómina de su biblioteca es un inventario de diversidad temática; y el diseño de sus cuadros es un proceso meticulosamente articulado para que la imagen resultante sea por sí misma una idealización de realidad y deseo.

La nueva exposición del artista patentiza todo lo anterior. Es una colección de obra reciente que presenta en la galería Marlborough Florida, de Boca Ratón. Son once óleos ejecutados con esa riqueza de color, soberbio manejo de la luz, impecable composición y expresiva pincelada que caracterizan el quehacer del creador.

Las obras de esta nueva colección realizada entre 1999 y las primeras semanas de este año, de cuya exquisita ejecución nada hay que decir, son exponente de la manera de ver el mundo que tiene el artista y de su voluntad de presentarnos nuevas alternativas sobre la realidad y su otredad.

Por una parte están los cuadros que pertenecen a lo que puede identificarse como «Colección Detalles». Son piezas que magnifican un segmento de las cosas y, al hacerlo, le otorgan nuevos contenidos. No pierde aquello que escoge Larraz como imagen de su obra sus características propias, sólo incorpora una fantasía, una posibilidad de acercamiento y contemplación distinta.

Es decir, el artista convierte lo mínimo en lo máximo. Lo plasma en su *más* y, al hacerlo, lo transfigura. Así, en el cuadro «Approaching the White Planet» contemplamos la imagen de un fragmento de una cebolla que adquiere, por la forma en que está plasmada, la esencia de un astro sin por ello perder su propia identidad.

La misma intención domina la concepción de «Luna», en que Larraz sitúa sobre un plano de sombra de latido estelar, dos frutas en una alineación propia del orden planetario. La menor de las frutas, un cítrico, el gran punto de luz de la pieza, se convierte en esa luna por obra y gracia de la particularización que hace el artista del campo de observación, por el enorme poder de sugerencia de la imagen y el título, tan parte de la narración.

La naturaleza muerta, tan en la temática del artista que la ha llevado hasta sus esculturas, la hallamos en «Victory», que nos entrega un ángulo de un cajón de vegetales que descansa sobre una mesa. La disposición de los vegetales es la sugerencia primaria de esa victoria que da nombre a la obra.

La mitología y la historia que fascinan al pintor hallan espacio en varias obras de esta colección. En «Coloso», el más singular de todos los cuadros de temática mitológica, Larraz practica una de esas recomposiciones de la realidad o fantasía conocidas y establecidas que tanto le fascina hacer. Así, vemos el pie de una figura colosal que descansa sobre una base que sobresale de las aguas de una bahía.

Es una clara alusión al coloso de Rodas. Pero en esta obra hay un elemento que nada tiene que ver con la época de la mítica estatua. Es la moderna barca que acaba de pasar por entre las piernas de la figura. Es como si el tiempo no hubiese transcurrido o coexistiese en un tiempo ideal para que se produjesen los lujos de la imaginación.

El tema del minotauro y el laberinto lo hallamos en la obra «Laberinto», en que la mítica figura parece contemplar un lujoso mar al otro lado del laberinto y una embarcación que se insinúa en la distancia como especie de libertad.

La cabeza de animal real en el minotauro mitológico se convierte en cabeza ritual, en máscara en el cuadro «Brindis», en que una mujer desnuda que cubre su cabeza con una estilizada máscara de ave de rapiña ofrece, en la intimidad de un salón, una copa a alguien que no vemos. Son múltiples las interpretaciones que pueden hacerse sobre esta obra, pero no cabe duda que una de ellas es el peligro implícito existente en las relaciones humanas.

Significativamente, la imagen de la cabeza del toro y del ave de rapiña, el halcón, tienen cierta frecuencia en esta obra. Especular sobre sus significados es difícil. Resumiendo en un factor su conjugación, podría decirse que encarnan la fijeza, la libertad y la violencia. Ambas aparecen en «Falcon's Prey». Las presenta el pintor descansando sobre una mesa rudimentaria en que hay tres copas y una botella de vino.

Hay humor, un humor que puede ser oscuro, en una obra como «La Chambre du Roi», en que el pintor muestra a un hombre que duerme oculto por grandes cortinajes. A su lado hay una mesa en que descansa, junto a un plato de frutas, una corona. Es como si el creador hubiese querido «desmontar» la solemnidad de la realeza, mostrando la vulnerabilidad de un hombre dormido e inerme.

La sensualidad que nunca ha faltado a la obra de Larraz se patentiza en el cuadro «La siesta». Otra vez, en suntuoso lecho como el de «La Chambre du Roi», el artista nos muestra las piernas entrelazada de una pareja. A sus pies, esa presencia que es casi firma de estilo del pintor, la cesta de frutas, lo frutal como exuberancia, sensualidad y gozo.

Magníficos en su concepción y ejecución, fascinantes en su poder de sugerencia, estos cuadros de Julio Larraz son exponente de su universo de plurales historias, unas ficciones fabulosas que entran y salen de nuestra realidad, pero que siempre podemos encontrar en esta pintura mayor.

RAQUEL LÁZARO: VIVIR, TAMBIÉN PINTAR

Si para Raquel Lázaro pintar es algo central, hay algo que lo supera: asumir las responsabilidades que impone la vida día a día. Hacer frente a lo grande y a lo pequeño. A la rutina y a la sorpresa. Su deber como persona. En una palabra: le importa más vivir que pintar.

Sin embargo, su vida no puede separarse de la pintura. Comenzó a estudiar su oficio a los trece años, en San Alejandro. Aquellos tiempos en la academia estuvieron regidos por una rebeldía personal, que iba más allá del sentido de un imprescindible aprendizaje.

En dos ocasiones abandonó las aulas porque le resultaba imposible adaptarse. Termina los estudios, pero aun así no realiza los ejercicios de graduación, hasta que en 1943 decide recibir su título. Recuerda, entre sus compañeros de San Alejandro, a Rafael Soriano, José Mijares, Mario Santí

En aquella época, su pintura era figurativa. Esa etapa se interrumpiría por su matrimonio. Este le hace tomar una decisión: dejar de pintar. Es algo que hace, al igual que antes abandonaba las clases de San Alejandro, muy naturalmente.

Al cabo de los años, cuando enviuda, la artista retoma su trabajo. Esto significa para ella un cambio sin sobresaltos. Es su vivir de ese momento. Sin embargo, los signos de esta vuelta son distintos, porque Raquel Lázaro se dedica al abstraccionismo. Lo figurativo quedó atrás, sepultado.

Al paso del tiempo, la pintura de Raquel Lázaro sigue determinada por su vida personal. Llega al exilio en 1973 y continúa su trabajo, exponiendo en Bacardi Art Gallery en 1976. Es su segunda muestra individual. La primera se había celebrado en el Lyceum Lawn and Tennis Club, en La Habana, en 1958.

Estos años primeros en el exilio marcan la época de una producción copiosa, que después se interrumpiría abruptamente por razones familiares. Es un período en que la artista multiplica las tintas. Se deja llevar por su fascinación por el trabajo en papel y tinta china.

Las obras de este momento se caracterizan por una enorme delicadeza en el uso del color y las líneas. Trazos y manchas que se diluyen unos en otros. Composiciones donde tienen un idéntico valor el propósito y el accidente.

En el quehacer de Raquel Lázaro, tan pleno de rupturas, esta etapa es quizás el antecedente único de su obra actual.

CIUDADES, ARTEFACTOS, PECES

Como todo creador, un pintor –a partir de su oficio– es aquello en que cree. Sus devociones, y su modo de situarse ante la obra. Para pintar, Raquel Lázaro necesita estar completamente ausente de todo lo que le preocupe. Lograr formular, o apropiarse, de un estado que llamaremos de beatitud. Cuando obtiene esto, la pintura se convierte para ella en un juego divertido.

La artista procura –para sí misma– llevar ese juego divertido a sus últimas consecuencias, aunque esa urgencia pueda resultar dolorosa. No debe olvidarse que el juego, en su reverso, es una de las expresiones más finales de la violencia.

El juego es, también, parte de una incontenible espontaneidad. Y eso es lo que constituye la pintura para Raquel Lázaro: un producto de la espontaneidad. Algo que no se intelectualiza. Que se produce por encima de la reflexión. Que crea sus reglas dentro de su propio espacio, donde quedan abolidas todas las reglas.

Estamos seguros: Raquel Lázaro pinta por rafagazos. El de ahora, que puede ser el primero, está ocupado por tres motivos fundamentales que se suceden, que se alternan. Lo integran las ciudades; lo que llamaría artefactos; y los peces.

Poco antes de los artefactos, surgieron las ciudades, que en el subconsciente parecen crear un espacio para los primeros. Y todo el tiempo, los peces. Porque simplemente encantan a la pintora por la sencillez de sus líneas.

En sus delicados cuadros, que siempre quisiera fuesen de gran formato, Raquel Lázaro satisface su fascinación por el color. Este regusto quizás viene de la reflexión sobre la obra de sus cuatro artistas favoritos: Gauguin; Van Gogh; Kandinsky y Miró.

Este culto del color va aparejado a la importancia que da la pintora al accidente en su obra. Esta combinación de factores se hace evidente de varias formas. Es, en cierto sentido, una firma de estilo de la artista.

Así, veremos que en los cuadros de Raquel Lázaro apenas se utiliza el blanco. Que en buena medida los colores se mezclan de por sí. Por tanto, no es difícil deducir que en esta pintura no intelectualizada, el lienzo deviene motor y medio absoluto para la creación. El catalizador de la obra.

CREANDO UN PAISAJE PROPIO: LA REALIDAD DE UN ESPEJISMO

Raquel Lázaro acomete sus cuadros a partir de la distribución en la tela de manchas de color. Para ello, se vale mucho del uso de la esponja. Cuando secan las manchas, entonces considera que «sale» la pintura, y empieza a trabajar para conformarla. Para fijar las imágenes producto del color y el accidente.

Las ciudades de Raquel Lázaro no corresponden a ninguna realidad. No vienen de un paisaje, sino crean uno propio. Carecen de recuerdos. Los inventan. Están desiertas. Quizás nadie puede habitarlas. También están fuera del tiempo.

Estas ciudades son la realidad de un espejismo en el que la pintora funde lo transparente con lo sólido. Donde los elementos arquitectónicos, que en su individualidad tienen el diseño del capricho y en conjunto establecen un equilibrio para la ingenuidad, podrían considerarse como los elementos rescatados de un maremagno de colores que buscan una forma.

Si se entienden así las ciudades, será fácil entender los artefactos. Maquinarias, objetos, naves, todas las cosas y ninguna, que con los finos trazos de la tinta que define sobre el acrílico, defienden desde su sólida ligereza unas funciones que desconocemos.

Los peces de Raquel Lázaro son a su vez una realidad que pertenece al mundo de sus ciudades, y al espacio de sus artefactos.

TONY LÓPEZ Y ÁNGEL MARTÍ: OBSERVAR Y CREAR

¿Qué necesita un creador para hacer su obra? Se pueden apuntar una serie de factores imprescindibles. Va de suyo que la estricta y acabada formación. De igual suerte, el que su producción participe tanto de la tradición como de la ruptura. A esto debe agregarse el que la factura de su quehacer se justifique por su calidad e intención. Y ahora, para responder a la pregunta inicial, algo esencial: su capacidad de observar para plasmar obra y tema, no importa bajo que signo estético se inscriba esa obra.

Los artistas cuya producción se nos ofrece en esta exposición reúnen todos los requisitos imprescindibles que he enumerado. Tony López los vierte en la escultura; Ángel Martí lo hace en el dibujo de sus espléndidos retratos. Ambos son creadores que han dedicado sus vidas a su trabajo. Muy joven, López, en La Habana, en la Cuba que nos arrebató el totalitarismo castrista, alcanzó una gran popularidad y demanda. El espectro de su obra se caracterizó desde entonces por su diversidad. De su estudio salieron esculturas inscritas en la figura clásica, muchas de ellas inspiradas en personalidades históricas. También en la aplicación de lo escultórico a las artes decorativas. De igual suerte, en sus célebres esculturas-caricaturas que plasmaban con humor y agudeza a figuras de la vida cubana. Va de suyo que también, trabajador incesante, en otras piezas en que ejecutaba formas de la realidad y la inmediatez.

Ángel Martí volcó buena parte de su trayectoria profesional en el dibujo publicitario, lo que le ganó un prestigio tanto nacional como internacional. Paralelamente a ese empeño, el artista se dedicó a realizar retratos. No sé cuantas veces lo hizo para sí mismo, atrapado por la atracción que le deparaba la fisonomía y carácter del retratado. En esas obras era admirable su uso de los materiales, una capacidad que en los últimos tiempos devino singular arte combinatorio.

¿Qué es lo que identifica a las obras de López y Martí? Su impacto visual, que es producto de una minuciosa observación que, más allá de la obra acabada, nos revela algo que muchas veces se pasa por alto. Es que todo lo que se ve tiene un *más,* una supraimagen en que radica su esencia.

Las piezas escultóricas que presenta López en esta exposición son en buena medida un recorrido panorámico de su quehacer. En ellas coinciden la acabada terminación y, no menos importante, ese vilo de la obra, esa deliberada calidad de anticipo, de obra en proceso que se patentiza por el uso espontáneo y lleno tanto de fuerza como delicadeza en que la figura adquiere un siempre.

López trabaja todo el tiempo contra el tiempo. Es como si no pudiese terminar lo que se le ha comisionado y lo que necesita plasmar para él, esa obra, y esto vale para todos los géneros, que resulta imprescindible al creador para legar una visión, una idea y una imagen que le obsesionan.

Pienso que otra característica de la escultura de López es su certidumbre de que más allá de toda suerte de presiones, cada nueva pieza que realiza es tan importante como la primera que ejecutó y esa otra obra en que, no importa lo que ha logrado a lo largo de una larga y fructífera carrera de constante trabajo, es la que lo justificará cara al siempre. Quizás ese el enigmático sueño de todos los creadores.

Ángel Martí, un hombre de excesiva modestia y amabilidad y una dilatada curiosidad intelectual, es un artista de obsesiva meticulosidad, lo que evidencian sus retratos. Otorga una especial importancia a su formación académica en San Alejandro. Allí aprendió a observar e, igualmente, de mano de artistas como el maestro Caravia, a buscar la perfección en cada obra. Ese afán caracteriza su labor como dibujante comercial y director artístico en importantes agencias publicitarias en Cuba, Europa e Hispanoamérica. Esa labor profesional postergó su entrega cabal a su oficio de pintar. Sin embargo, no impidió su estudio del arte en los libros y los museos. En esta dimensión tiene un conocimiento y cultura extraordinarios.

Ya en su madurez retomó con continuidad su labor creativa pura. Lo hizo por propia necesidad y para sí mismo. El protagonismo en el mundo artístico nunca le interesó. A medida que pintaba, el dibujo –y no hay pintura sin dibujo– comenzó a tomar espacio en su labor hasta constituirse en absoluto. En ese quehacer trabajó con el blanco y el negro, con los pasteles, las tintas y, finalmente, con una personalísima combinación de los materiales.

Los retratos de Martí, para cuya realización dejó hace tiempo de usar modelos y se apoyó en la fotografía y en sus observaciones, son expresión de esa capacidad de observación, de ver más allá de lo inmediato y plasmar al sujeto de su obra en un rasgo que, desde y por encima de la fidelidad, sea una expresión de la esencia diferenciadora de la persona. Su espíritu.

En las piezas que nos entrega Martí en esta exposición siempre destaca una fijación del retratado en ese fugaz momento en que la persona se olvida de sí misma y se muestra en una iluminación de lo mejor de la criatura. La delicadeza del uso del color, las difuminaciones, las transparencias, las luces y la expresión precisa conjugan tanto la absoluta semejanza con el sujeto como su espíritu. Me atrevería a decir que buscan dar testimonio de autenticidad y de dicha. Pero por encima de todo lo expuesto son exponentes del dibujo en su plenitud.

Esta exposición de esculturas de Tony López y de retratos de Ángel Martí nos coloca ante el quehacer de dos creadores en el cenit de su madurez. Ambos dominan dos medios que, desde los absolutos del arte, exigen un estricto y cabal dominio del oficio y, no menos, entrega y búsqueda. ¿Qué armoniza el contenido de esta muestra? Creo que, más allá de las calidades y concepciones de ambos expositores, es su sabio y constante uso de la observación que han de elaborar para que encarne el arte. Es algo más por lo que debemos congratularnos.

ALFREDO LOZANO EN EL VEDADO

Sabía que no estaba bien, pero me resistía a creer que no rebasaría la enfermedad. Son las tenaces mentiras que nos inventamos cuando la muerte se cierne sobre alguien entrañable y fundamental en nuestra vida.

Esa estéril ficción terminó dolorosamente el domingo 13 de abril de 1997, con una llamada telefónica. Me informaron que, en la madrugada, Alfredo Lozano había muerto en Puerto Rico. Tenía 84 años.

El frío lenguaje de la prensa y la intrincada historia de la cultura, recogerá esta fecha como la de la desaparición del padre de la escultura moderna en Cuba y de uno de los grandes de la plástica latinoamericana.

La afirmación es irrebatible, pero el Maestro Lozano fue mucho más que eso. En un tiempo marcado, entre otros mezquinos rasgos, por la superficialidad, fue un hombre de pies a cabeza. No deja de ser irónico el que decir tal cosa sea máximo elogio.

Cuando otro grande desaparecido que fue su amigo de toda la vida, el maestro José Lezama Lima, me lo presentó a principios de la década del 60, ya hacía mucho que Lozano era una figura mayor de la cultura, el arte y la sensibilidad cubanas.

Es imposible resumir su andadura. En los años 30, en la época de la dictadura del general Gerardo Machado, hizo frente al estado de cosas reinante en el país y al conservadurismo más nocivo de la academia. Rechazó becas que se le ofrecieron para silenciarlo, y marchó a México en busca de lo que afirmaba era una verdadera revolución cultural y artística.

Regresó a La Habana en 1937, y fue uno de los fundadores del fundamental Taller Libre de Pintura y Escultura. Un año después, ganó el Premio Nacional de Escultura, con su pieza «Nosotros», realizada en piedra, que fue uno de sus materiales favoritos.

A partir de esas fechas, realizó una obra tan monumental como llena de poesía. En ella, los volúmenes y las líneas llenas de fuerza, plasman –oscilando entre lo abstracto y lo figurativo– una sensualidad que tiene mucho de depuración de lo trágico. Son una exaltación de la vida.

Su labor escultórica no puede separarse de su activa participación en los empeños culturales y creativos más importantes de su tiempo, singularmente en los que protagonizó el núcleo de escritores y artistas que se expresó en la revista Orígenes.

Decía que esa rica y extraordinaria vivencia integró una generación de reafirmación. Su orgullo, también me manifestó, era que vivían para trabajar y compartir sus vidas, y que su amistad no se limitaba a su trabajo, sino que incorporaba a la familia. Eran familia.

No conocí esa edad dorada, pero tuve el inmenso privilegio de experimentar su latido cuando el castrismo precipitaba a Cuba en el horror.

Algunos de los protagonistas de aquel tan cercano momento cumbre, entre ellos Lozano, que abominaban el régimen, buscaron un prácticamente insostenible plano de sombra para preservar su honestidad cívica, intelectual y creativa, renunciando a los privilegios que brindaba el castrismo a los que se le plegaban.

Lozano tenía su estudio en la calle F y Línea, en El Vedado, muy cerca de mi casa. Todos los días, al atardecer, lo visitaba. Esa visita era una gracia que me permitía sentirme persona.

Siempre estaba trabajando. Recuerdo que levantaba prodigiosas esculturas en barro y, después, las desbarataba. El, que creía en el material y lo consideraba determinante, carecía de los más elementales materiales para trabajar, pero no podía dejar de hacerlo.

Una o dos veces a la semana, yo lo recogía y, entonces, buscábamos a Lezama Lima para ir a merendar, difícil empresa en medio de la vertiginosa destrucción y escasez que todo lo tocaba. Con frecuencia, Monseñor Ángel Gaztelu se incorporaba a nuestros paseos o era nuestro anfitrión en la Iglesia del Espíritu Santo, donde hay importantísimas piezas de Lozano. Otras veces, el encuentro se efectuaba en Trocadero 162, en casa de Lezama Lima.

En esos encuentros −que según Lozano consolidaban mi rango de «muchachito del Vedado que es el auriga del Maestro»−, le encantaba poner a discutir enconadamente a los dos poetas.

Era un entrañable y juguetón ritual, tan elaborado como inocente, que había acendrado una vida de amistad. Al regreso, Lozano se reía de su ingenua travesura, evocando la discusión y «la tozudez del cura y el Maestro. Son dos niños grandes que no pueden vivir el uno sin el otro».

Aquellos fueron momentos de íntima y genuina felicidad en medio de la tragedia en que estábamos atrapados, aunque nunca faltó en su transcurso el inerme examen de la realidad y el destino cubano.

Como correspondía, siempre guardé las respetuosas distancias que impone la jerarquía de figuras mayores, pero nunca me sentí un intruso entre ellos. Todo lo contrario. Era, al decir de Alfredo, cuando ya Orígenes no existía y era un anatema para la cultura policial castrista, «el benjamín de Orígenes». Mi orgullo, que evoco con infinita tristeza.

Lozano fue un maestro esencial en mi vida. Tiene que haberlo sido para todas las vidas que tocó con su inteligencia, creatividad, fineza, suprema cordialidad y decencia. No menos, con su vitalidad ilimitada, que se imponía a la adversidad. Me sacó de muchos huecos cuando me precipitaba en un abismo.

Tres fueron los grandes amores de su vida: la escultura, la amistad y El Vedado, «que era el universo y uno podía recorrerlo andando».

A partir de un momento, la salud le traicionó impidiéndolo esculpir. Entonces, se entregó al dibujo. Me explicó con sencillez su decisión: «Yo no puedo estar sin trabajar. Para cualquiera de mi generación eso equivale a la muerte».

Preservó celosamente el culto de la amistad en las imposibles distancias y la soledad del exilio, que asumió físicamente en 1967.

No murió, como tenía que morir, en El Vedado. Pero tan bueno y extraordinario, ya está en El Vedado, junto a otros amigos, esperándonos cuando Dios disponga.

Nunca lo dijo, pero sé que nunca dudó de que el paraíso y la gloria de Dios no podían ser otra cosa que el breve, mágico y entrañable Vedado.

Allí es la eternidad de la Universidad de la Habana; el Lyceum Lawn and Tennis Club y el Teatro Auditorium, para él, «las tres grandes instituciones de Cuba».

Y allí están, por supuesto, las sombreadas y acogedoras terrazas del Carmelo, desde las que se contempla el Parque Villalón y se dilata armoniosa la conversación. Son el paisaje de la amistad y la creación.

Ya está en casa Alfredo Lozano.

GUIDO LLINÁS: UNO DE LOS ONCE EN MIAMI

Aún hoy es un revolucionario. Inició su labor de ruptura y cambio en la década de 1950, en Cuba. Su labor de aquellos años se tradujo en una transformación radical. Cuarenta años después, se puede tener en Miami una idea de lo que hizo y de su importancia en la pintura cubana.

Es el pintor Guido Llinás, uno de los llamados Once, el grupo que renovó a la pintura cubana hace cuatro décadas y que pasó a la historia con ese nombre.

Pero sus integrantes bien pudieron haberse llamado Los Rebeldes. «Éramos conscientes de que estábamos desconectados de las corrientes existentes en el mundo de la plástica y la cultura en Cuba. Al reunirnos para exponer, quisimos comenzar a establecer un territorio distinto en nuestra plástica. Guido era uno de los rebeldes», recuerda el escultor Tomas Oliva, otro de los Once.

Llinás, que expone actualmente en M. Gutiérrez Fine Arts, tiene su propia explicación: «Nuestro trabajo rompía con el arte figurativo, y esa ruptura era una toma de conciencia».

Además de Llinás y Oliva, los miembros eran otros tres escultores José Antonio Díaz Peláez, Francisco Antigua y Agustín Cárdenas y seis pintores: Raúl Martínez, Viredo, René Ávila, Antonio Vidal, Hugo Consuegra y Fayad Jamis.

Después de sus primeras exposiciones en los años 50 en La Habana, otros creadores se identificaron con ellos. «Creíamos que el arte tenía un proceso de desarrollo», cuenta Llinás. «Para nosotros ese desarrollo estaba representado por el expresionismo abstracto. Rompía con el pospicassismo de figuras como Mariano Rodríguez y René Portocarrero».

La filosofía del pintor, que testimonian los cuadros y grabados de su retrospectiva, es muy simple. Su pintura parte del automatismo. De aquel que comienza a trabajar directamente sobre el lienzo. Pero siempre intenta establecer una definición entre el color y los otros elementos que hay sobre la tela. «Mi obra proviene de impulsos. Es el gesto lo que determina lo que aparece en el lienzo o el papel. Es una improvisación».

Hay que recalcar, sin embargo, que la espontaneidad de los cuadros de Llinás tiene que ver mucho con el color. Pero no es el color en el sentido tradicional. Su paleta es muy limitada. Utiliza sobre todo el negro. «Juego con el equívoco de una 'pintura negra' y pintura hecha por un negro. La gente cree que el negro es dibujo, y para mí es color".

¿Pintura negra hecha por un negro? Esa es precisamente la explicación que da, con humor, el artista.

«En París, a finales de los 50, descubrí todo el arte. Fue en el Museo del Hombre. Allí descubrí que era negro», afirma Llinás. «En París no hay discriminación, pero todo el que no es blanco europeo es clasificado en una etnia que les es ajena. Al decir que hago pintura negra y que soy negro, juego con ese equívoco».

Pero la fascinación que siente el artista por el negro comenzó en Cuba.

Nacido en Pinar del Río el 21 de marzo de 1923, estudio Pedagogía en la Universidad de La Habana y trabajó como maestro. Cuando se instala en la capital cubana su trabajo es influido por la pintura de Mijares, Luis Alonso y Roberto Estopiñán. Es Mijares el que lo hace consciente del negro. «Mijares usaba el negro como dibujo, pero este funcionaba como color. Eso me fascinó». Un color absoluto.

El negro es una presencia casi absoluta en sus cuadros. No permite interpretaciones ni sugiere nada. Es pintura. Simplemente está. Lo pueden romper algunos signos, trazados espontáneamente.

«A mi los cuadros me salen», comenta Llinás. «En la filosofía de Los Once, un cuadro no representa nada. Es una expresión directa. Algo que hay que sentir a través del color y la forma».

El pintor y sus compañeros hicieron buena esta filosofía. Cuando en Nueva York imperó el abstraccionismo abstracto, allí estaba Llinás. «Nuestra efectividad fue estar a tiempo en un lugar preciso. Por eso fuimos el movimiento plástico cubano que hemos estado más cerca de lo que sucedía en el mundo».

Otro de Los Once, el escultor Tomas Oliva, comenta que el grupo se caracterizó por su receptividad.

Esta actitud de rebeldía ha contribuido a que se considere al artista como una personalidad controversial. Y él mismo lo acepta. «Frente a todos los movimientos artísticos tomo actitudes polémicas», dice.

Pero también acepta que ha sido fiel a sus principios. «Esta retrospectiva me sorprende porque me permite ver que en muchos años de trabajo mantengo una coherencia. Solo han cambiado algunos elementos, como la introducción de signos».

Otros lo admiran por su honestidad. «Ha sostenido su posición frente a todo y frente a todos y tiene una gran continuidad en su obra», dice Hernán García, un pintor cubano radicado en Miami. «Además, es el único pintor abstracto expresionista que tenemos en nuestra pintura", añade.

Llinás se considera un artista exiliado. Tras ser becado por el gobierno cubano en París, en 1960, trabajó el grabado y el aguafuerte en el atelier Hayler. También fue profesor de artes plásticas en la Escuela de Arquitectura de la Universidad de La Habana a su regreso en 1962. El año siguiente salió al exilio.

Se radicó en Francia y en 1988 se hizo ciudadano de ese país. En ese intervalo, regresó a Cuba en dos ocasiones a ver a su familia. «En mis dos viajes a la isla he ido como particular, no como artista. No existen cuadros míos en galerías ni en museos cubanos. Allí soy un no-pintor. Cuando se habla de Los Once como un dato histórico, no se me menciona. No existo».

Pero para otros no queda duda que existe. Su obra y su actividad desde 1963, es copiosa. Pinta y graba en madera. Trabajó varios años como responsable de obras y de serigrafías en la Galería Denise Rene, donde entró en contacto con los talleres de Sonia Delaunay, Jean Arp, Vasarely y Richard Mortensen. También hizo amistad con otros artistas latinoamericanos como Soto, Cruz, Diez y Tomasello.

Siempre buscando la expresión más directa y libre, se interesó por el grabado. Además de sus trabajos en este medio, muchos de ellos enormes piezas en que predomina el negro, lo ha utilizado para colaborar gráficamente en ediciones limitadas de distinguidos escritores como Julio Cortazar, José Lezama Lima, Michel Butor, José Triana y Severo Sarduy. Sus grabados han sido caracterizados por Sarduy como obras que «ofrecen las huellas de una cultura revisitada, sacada a la luz —al negro— como signos plásticos».

Sin duda, por su capacidad de multiplicación, el grabado es una forma extraordinaria para difundir la obra de un artista. «Cada medio impone sus leyes», dice Oliva. «En el grabado hay una cierta dureza, pero Guido mantiene en este medio sus cánones expresivos: no hace literatura con el dibujo, sino estricta y austera pintura. Recoge un mensaje de violencia que está en la plástica y en la realidad. Ese es el propósito esencial de Los Once».

Todo empezó con una exposición en La Habana en 1953. A punto de cumplirse 40 años de esa muestra, la retrospectiva de Llinás enfrenta con una obra que sin traicionar su impulso inicial, mantiene su espontaneidad. Sigue siendo pintura. No otra cosa.

NUNZIO MAINIERI: LA ARMONÍA Y LA BELLEZA

Cara al público, al menos a eso que se llama el gran público, Nunzio Mainieri tiene un rostro. Es el de un cirujano eminente. Para aquellos que lo conocen mejor, a esas facciones se le agregan las del artista. Un creador volcado en lo esencial sobre la escultura, aunque nunca deja de pintar. A esas dos imágenes hay que sumar las del hombre de familia y la del exiliado cubano que vive obsesionado por el retorno de su patria a la libertad y a la democracia. También, el de alguien genuina y activamente preocupado por el desarrollo del arte y los artistas cubanos en el destierro y el reconocimiento de la vigencia y riqueza de ambos, desde el ascenso de sus calidades fundamentales —que alcanzan sus máximos el pasado siglo— como factor de identidad, contribución y posibilidad.

Mainieri, nacido en La Habana, en 1926, y graduado en Medicina en la universidad de la capital cubana en 1953, estuvo activamente involucrado en el diseño gráfico y la dirección de arte en los años 50. En 1966, sale exiliado hacia España y ese mismo año viene a Estados Unidos, instalándose en Coral Gables en 1968. En 1982, inició allí las «Tertulias de San Miguel» (nombre que proviene de la calle en que vive), donde se dieron cita durante años creadores plásticos, escritores y amantes de la cultura. De todas estas fechas, el año del comienzo de su exilio fue clave para él en lo que concierne a la creación. Comenzó a pintar en España y decidió que ya nunca dejaría de hacerlo. Una copiosa y creciente colección de cuadros y dibujos testimonian la firmeza de su decisión.

A Mainieri lo caracteriza su modestia. La razón es obvia y no abunda mucho. Esta personalidad tan tenaz y exitosa en sus actividades es alguien que tiene bien claras las prioridades de su vida. Afirma, y el orden de los factores no altera el producto, que para él lo fundamental es el arte (su labor como pintor y escultor), la lucha por su patria, el ejercicio de la cirugía y, tanto, su familia y la búsqueda de lo armónico en todos los órdenes.

La pintura y la escultura se entrelazan y sustentan mutuamente en la labor del artista. La producción de sus cuatro últimos años ilustra, desde las diferencias y las coincidencias, el sentido de su andadura estética. Así, en pintura ha ejecutado una colección de cuadros dedicada a los extraordinarios árboles de Coral Gables, cuya belleza escultórica exalta. También están sus lienzos y dibujos de su serie volcada en las frutas, en que formula nuevas posibilidades al concepto básico del bodegón y hace que las frutas floten en el espacio suspendidas por ligaduras y también que se distribuyan, otra vez el sentido escultórico, en una ordenación de columna que siempre es rematada por una tajada de melón que tiene mucho de máximo de sensualidad y plenitud. Y en esta dimensión, a partir de 1992, en que realiza la serie abstracta «Formas en eclosión», un dibujo en que la forma es limitada por unas estilizadas ataduras que Mainieri no deja de emplear y considera una metáfora de la terrible fijeza totalitaria que impide a Cuba el alcanzar desde la libertad su pendiente posibilidad.

Si bien pintura y escultura son inseparables en esta obra, la escultura es lo central en el trabajo del artista. La considera, lo que ejemplifica con unas hermosas y estilizadas piezas en madera policromada, el supremo logro tridimensional en que no tienen que engañarse los sentidos. Son para él el goce de lo volumétrico, el regalo de la redondez, de lo acariciable. Real disfrute visual y táctil.

Lo abstracto que domina la obra escultórica de Mainieri se afianza en la certidumbre de que el dibujo es el esqueleto de la obra. Este se bifurca en la pintura y la escultura y, en esta última, alcanza su más en la fusión de lo tridimensional de la forma y la belleza de la pintura para lograr una obra de totalidades terminadas. En esa obra, la voluntad de abstracción parte de la espontaneidad de la forma misma, del respeto, por parte del creador, de la naturaleza del material que, según manifiesta, muchas veces demanda ser tratado de una forma específica.

Los materiales que más utiliza el creador en sus esculturas son la madera (su favorito, especialmente la caoba), el mármol, el African Wonder Stone y el bronce. A partir de estos materiales, Mainieri busca plasmar lo que en una ocasión, hablando de su quehacer, llamé «la forma de la vida». Es decir, la redondez, la sutileza y la suavidad. Todo lo que el artista considera valores finales de su filosofía vital, anclada en la armonía, en evitar las tensiones y los conflictos. De ahí que sus piezas, llenas de serenidad, sean ejemplo magnífico de un arte que convoca y comunica una belleza que tiene tanto de augural.

Esa suma de factores que define esta obra, debe insistirse en ello, ofrece deliberadamente al que la observa, un punto de partida para la interpretación más libre y para que cada pieza sea en sí y por sí misma un disfrute desde el universo del propio contemplador.

Entre los escultores cubanos que Mainieri admira como exponentes modélicos de un trabajo enriquecedor en el espacio del arte cubano, se cuentan Juan José Sicre, Alfredo Lozano, Agustín Cárdenas y Gay García; y fuera de ese ámbito, insistiendo de nuevo en su interés por la figura como punto de partida para una transformación que accede a lo abstracto, Henry Moore. Si bien esas referencias son importantes para la inteligencia de esta obra, no lo es menos lo que piensa el artista de lo que es ser un creador exiliado. Así, dice: «Es casi ser un artista medio frustrado. El desarraigo se manifiesta en todo lo que hace. Porque el artista debe tener el apoyo de su gobierno, de su pueblo. Es algo que no existe en el exilio. Aquí hay maestros que carecen absolutamente del reconocimiento que su obra merece, a la vez que artistas promovidos por el castrismo y están ahora aquí, disfrutan de más beneficios que los exiliados».

En este sentido, Mainieri agrega: «En los años 40 del pasado siglo, Cuba experimentó un renacimiento en la creación en todas la artes. Eso fue frustrado por completo por el golpe militar del 10 de marzo y por lo que vino después, el totalitarismo castrista. De todas suerte, es necesario señalar que, a pesar de esta tragedia, Cuba siempre ha tenido talentos en todas las ramas, y esto es algo que también se refleja en las artes visuales».

La realidad de la historia, el curso que ha tenido la vida de Mainieri desde sus pasiones fundamentales –el arte, la libertad y la pendiente posibilidad cubana, su familia y el sentido de la armonía– han hallado una expresión definitiva en su quehacer, ese quehacer que nos entrega queriendo que sepamos que: «Mis obras son como una ventana abierta a un mundo que el espectador de las mismas no conoce. Los invito a mirar hacia dentro de mi ámbito imaginario, de mi mundo interior, de mis fantasías. No van a ver imágenes ofensivas, grotescas, crudas o pornográficas. Tampoco verán una obra dulzona de complacencia. No. Nada de eso corresponde al significado de mi vida, donde imperan el orden, la armonía y la belleza. Observen en actitud de descubrimiento. No traten de identificar lo que ven a través de esa ventana con unos símbolos o un mundo de realidades que ustedes conozcan, aunque a veces pueden coincidir. Van a conocer un mundo distinto. Es mi mundo».

Es el mundo de la armonía y la belleza.

GILBERTO MARINO:
LA PINTURA COMO POEMA DE LIBERTAD

La creación, sea obvio o no ese propósito en lo creado, es un gesto, una entrega final a la vida. Un diálogo con la existencia, que puede ser tan espléndida como terrible y como achatada, y es también una manera de testimoniar y celebrar y condenar y rectificar lo que determina el paso del tiempo. La creación es de igual suerte, no engañarse ni tergiversar esencias, una final forma de ser y estar en el mundo. Esa certidumbre y esa entrega para muchos inexplicable, porque el precio a pagar por ella puede ser inmenso, es justificación que el artista interroga en ocasiones, sobre todo en época de embates, pero que siempre asume como el mismo aire que respira.

Todo lo anterior es bien cierto cuando se trata del pintor cubano Gilberto Marino. El artista exiliado ha pintado para sobrevivir y ha sobrevivido y vive a plenitud porque pinta con absoluta entrega. De todo ello da cuenta su diverso quehacer, caracterizado por las confluencias en la intención hacia los máximos de los más puros valores. Un discurso que es versión de las vivencias de su realidad –y, por supuesto, de sus sueños– y una invitación a participar de los universos de su creación.

Dibujante impecable, Marino destaca por unas composiciones llenas de mesura en pos de la expresividad del tema central de cada pieza y por un uso del color en que la riqueza cromática es consecuencia directa de un control de la paleta, siempre en función de la atmósfera de su tema. Esas características predominan en sus series. En ellas explora, en busca de una imagen totalizadora, tanto lo inmediato y palpable como aquello que alienta tras las apariencias. Entre esas series destacan: la de las muñecas humanizadas; los ángeles, como factor vigente en nuestras vidas; los rostros infantiles con insectos y mariposas, en que anticipa un tránsito a la plenitud; y las manos, en que plasma la desesperación de los exiliados y los refugiados, pero también su esperanza.

Si bien el espectro expresivo de Marino no cesa de abrirse, hay en su horizonte un dominio en que el artista se ha dedicado a plasmar y perpetuar una realidad que es mito entrañable. Es la varia y creciente obra que ha dedicado a Don José María López Lledín (1899-1985). Para muchos, incluidos los cubanos, ese nombre nada dice. Pero basta decir «El Caballero de París» para que todos los cubanos, desde el recuerdo o la evocación de los relatos de los mayores, piensen en un personaje emblemático de una época mejor que fue arrasada por el totalitarismo castrista.

Marino comenzó en su adolescencia a pintar a ese mítico personaje folclórico habanero. Siguió pintándolo hasta su salida al exilio en 1981 y ha realizado sobre el que fue su tan real y bondadoso e increíble amigo, un cuantioso inventario de obra en diversos medios. También consiguió que la Ciudad de Miami le dedicara una calle. Esa devoción del artista por El Caballero de París representa y significa, por encima del tributo a una hermosa y singular amistad, un intento de rescate y preservación de un imprescindible personaje de la tradición habanera y cubana, destinado a rectificar la adulterada historia de la Isla tiranizada. Una historia que habrá que escribir de nuevo con justicia y verdad. Y es también un recordatorio para los exiliados de su patrimonio espiritual, que crece incesante en la cotidianidad y la frecuentación.

El Caballero de París ya es historia y ya es *más*. En una ocasión, elaborando en torno a la obra del artista, escribí: «Ese desamparado que desde la miseria y la intemperie vivía con enorme dignidad en un mundo ideal atravesado por la nobleza y la poesía, constituye para el creador una decantada expresión de lo más puro de una naturaleza incontaminada. También es un símbolo de esa libertad final, esencial al hombre y al artista».

Ha alcanzado la plenitud de su madurez el hermoso quehacer de Gilberto Marino. Es pintura como poema de libertad. Pienso que su amigo El Caballero de París se lo inspiró con su amor a la vida y a la libertad y a la bondad y a la poesía.

ARMANDO MARTÍNEZ, EL NATURAL

Hay una expresión que se emplea en el mundo del deporte norteamericano que califica a un deportista que sobresale en la actividad que realiza y lo hace como si hubiese nacido para ello y no necesitara de formación ni de entrenamiento. Es la que identifica a esa persona como «un natural». Esa condición no es frecuente y constituye un verdadero elogio para cualquiera que sea considerado en esa categoría. En el mundo de la creación el uso de esa expresión es igualmente válido. Entre los muchos artistas que he conocido y tratado a lo largo de mi vida, a ninguno corresponde tan bien y cabalmente como al ceramista Armando Martínez, mi entrañable amigo.

Son muchas las razones que hacen de Martínez, al que sus amigos designan como «El guajiro», una criatura fuera de serie. A los 85 años de edad despliega una actividad y energía tan incesantes como intensas en todos los órdenes. Su fuerza y resistencia son increíbles aun en un hombre mucho, pero mucho más joven. En verdad, es difícil de seguir. También es consubstancial a su naturaleza su capacidad de maravillarse. Para él, todo en la vida es tanto un reto como una posibilidad de plenitud. De igual suerte, es un amigo de los que ya apenas existen.

Martínez, de humildísimo origen campesino, trabajó y pasó incontables trabajos desde niño. Aprendió al paso de los años un oficio en que no tardó en destacarse, cortador de zapatos. Muy joven viajó a Venezuela donde laboró en ese campo. Tras varias temporadas en Cuba se instaló en los Estados Unidos y al cabo de desempeñar toda suerte de trabajos decidió, ya residiendo en Miami, jugar su suerte en el mundo de los negocios. Triunfó en el campo de la tapicería y también en los bienes raíces. Un buen día, decidió retirarse y entregarse por completo a algo que siempre lo fascinó, el arte. Ahí surgió su amistad con el maestro Félix Ramos, con el que estudió y viajó mucho, siempre ambos entregados a la pintura. Verdadero «natural» aprendió el oficio de la pintura de una forma tal que es difícil de establecer la diferencia entre un lienzo de Ramos y uno suyo.

Conocí al «Guajiro» hace más de varios lustros. Nuestro encuentro ocurrió en una exposición colectiva donde, singularmente, no mostraba pintura sino varias piezas de cerámica que celebré. No eran extraordinarias, pero revelaban una calidad latente, una inmensa posibilidad. Tras una larga conversación quedamos en vernos. Fui a visitarlo a su casa y lo primero que quiso mostrarme fueron sus piezas de cerámica, un campo en el que se iniciaba sin guía de ninguna clase. Le dije que no, que quería ver sus cuadros. Pasó un buen rato sacando y mostrándome los lienzos que tenía en su poder. Eran casi treinta. Aunque de diferentes etapas, los encontré con una calidad que aumentaba al paso de cada pieza. Finalmente, me preguntó que me parecían. Le respondí: «Olvídate de la pintura y dedícate a la cerámica». Fue un consejo difícil de dar y de encajar, pero el tiempo acabó dándome la razón. Nada hay que satisfaga más a un crítico que eso.

Dotado de una extraordinaria habilidad manual y de una singular imaginación, Martínez comenzó a hacer piezas de primer rango en su taller. Pero, como no he dejado de señalar, necesitaba que las formas se estilizaran y que los colores y las texturas fuesen un lenguaje. Hallar esa singularidad de la materia que hace una obra irrepetible, única. Sólo hay una senda para lograr eso. Es el trabajo en rakú, que ofrece al artista una serie de recursos insólitos para lograr su coloración y acabado. Un tipo de creación en que se conjugan de forma mágica el dominio de los materiales utilizados con el accidente.

Martínez, un dibujante que tiene un prodigioso dominio de las posibilidades de las formas y su encarnación tridimensional, ha realizado cerámicas en esta técnica oriental que tienen el latido de la maestría. Va sin sobresalto del pequeño al gran formato. Su sentido de la estilización en ocasiones destaca por el barroquismo de su concepción y ejecución. Así, valorando su incesante quehacer, he manifestado que sus obras más recientes se distinguen tanto por la intrincada coloración que fluctúa entre la evaporación y la rotundidad. En su solidez alienta una singular delicadeza. Es como si devolviera el barro a sus orígenes e inmediatez utilitaria en que se declaraba una incipiente belleza que devino historia en la andadura de siglos. Es algo tan difícil de explicar como de comprender pero que se siente ante cada pieza de este maestro.

En estas trágicas casi cinco décadas que nos ha tocado padecer el totalitarismo castrista a ambos lados del mar, la historia del arte cubano, como la historia patria, se ha manipulado por los policías culturales del régimen a sus funestos fines propagandísticos y de captación de cómplices, que no le faltan entre nosotros. Esto significa tan sólo una cosa. No es otra que la verdadera historia cubana habrá que rescatarla y escribirla con la tinta de la verdad para que el horror que viven los cubanos no se repita. De igual suerte, será imprescindible escribir la verdadera historia de la creación cubana y poner nombres y obras en el sitio que les corresponde. Se trata de una labor de rescate y de justicia. En ese proceso, Armando Martínez ha de figurar como uno de los grandes ceramistas cubanos. Un auténtico «natural» que hizo y sigue haciendo maravillas con el barro. Y tan importante, el amigo entrañable que es una gracia y privilegio tener.

LORENZO MENA:
UN GRAN ARTISTA PENDIENTE DE LA HISTORIA

A través de la ventana frente a la que escribo en mi casi intransitable cuarto de trabajo, veo un hermoso jardín que cuida con «excelente mano» y total dedicación, mi esposa Tania. Hay, cerca de esa ventana, un gran rosal amarillo, el color que prefiero en las rosas. Esas rosas que el joven rosal me regala incesante y que siempre, sea cual fuere mi humor, me alegran con su indescriptible belleza. A la izquierda de mi mesa, hay un cuadro del pintor cubano Lorenzo Mena, que puede decirse lleva una vida exiliado en España.

¿Cómo describir esa obra? Digamos que es una composición dominada por la cuadriculación geométrica, en que la porción superior-central de la derecha está delimitada por un fondo azul, en tanto el resto del lienzo está plasmado sobre fondos de una gama de colores claros que armonizan perfectamente con los rostros de los personajes, ¿o es un único personaje?, que son fundamento y anclaje de la pieza. Esos personajes son criaturas que bajo su elemental gorro de gente muy a ras de mundo, no menos elemental que sus facciones, expresan en sus rostros una gama de emociones en que el estupor es evidente o subyacente, y cuyos ojos miran con esa expresión que sólo se produce ante alguien o algo que tiene su raíz en lo innombrable cuya identidad ignoramos, pero que nos toca con la fuerza del instante que puede ser el siempre.

Yo sólo tengo una fija gratitud y un cariño inmenso para el autor de ese lienzo. Durante mi exilio en España, donde lo conocí apenas recién llegado, me prodigó su preciosa amistad, su puntual compañía, su incalculable y desinteresada generosidad, su humor y su sabiduría, que no es otra cosa que su forma de andar por el mundo. De igual suerte, su pintura, y Lorenzo, que es fundamentalmente un pintor de primer rango, no deja de incursionar con la misma intensidad en el campo de la escultura. Su quehacer es una galería de «monstruos» cuya autoría es difícil de conciliar con su efervescente y entrañable personalidad.

La pintura, el conjunto de la obra de Lorenzo Mena, que se ha calificado en España de manera incesante como escatológica, no deja de ser una lúcida incursión en la otredad de la realidad que domina y determina nuestra existencia, y que puede ser, y lo es en demasía, atroz. Y llegado a este punto, quiero subrayar lo insólito e injusto del desconocimiento y reconocimiento que se debe a la creación de este maestro tan singular por parte de la crítica y el mundo del arte «cubano». A lo que debo agregar que cubano va entre comillas por la sencilla razón que no considero que lo sea en esencia y verdad y, de igual suerte, que tenga la capacidad para exaltar el largo y trascendente quehacer de Lorenzo Mena. Su creación constituye, desde su intrínseco valor como expresión de la desgarrada condición humana, expresión mayor de la realidad cubana que le ha tocado vivir a ambos lados del mar. Algo que le otorga, en todos los órdenes, el rango de la universalidad.

Nada hay más real y palpable y determinante que el imaginario de Lorenzo Mena, cuya visión y obra lo hacen figura central de las trágicas décadas que vivimos y, como víctima e intérprete de la más infernal etapa de la historia cubana determina, por la fundamentación de su quehacer, que esa creación, como toda obra en que historia y calidades de toda suerte imperan, sea exponente mayor de una visión del mundo y la realidad.

En el universo de la creación, sea cual fuere su manifestación, sólo son esenciales y determinantes hacia la trascendencia, hacia el siempre, la calidad de la ejecución y el sentido de la inmediatez y la fijeza de la proyección hacia el porvenir, que son inherentes a la naturaleza de la obra en que devienen determinantes la historia y las vivencias personales. No es otra la esencia de la visión y naturaleza del siempre ascendente quehacer de Lorenzo Mena. A su destilación debemos una obra cuya firma de estilo es definitiva y, de igual suerte, única en la plástica cubana. Lo singular, podría decir lo extraordinario, de la obra mayor de este maestro cubano es que su quehacer tiene la virtud de hacer que todo el que la contempla puede identificarse con su imagen. No es otra cosa la impronta de la universalidad.

Soy desde mi adolescencia constante lector de Joseph Conrad que, en una de sus obras maestras, logró ceñir el absoluto del horror de manera tan definitiva que pesó en lo más central de la poesía de T.S. Eliot, cuya adjetivación constituiría una falta de respeto a su grandeza. Lorenzo Mena, figura esencial de la pintura cubana en sus tiempos más difíciles y siniestros por la gravitación del totalitarismo castrista, es uno de los pintores más importantes de la nómina de nuestras artes plásticas. Es verdaderamente incalificable que no se le reconozca como merece. Todo indica que eso sólo sucederá cuando las trágicas aguas de nuestra historia se remansen. Cuando la pendiente posibilidad cubana sea una realidad. El tan bueno y entrañable Lorenzo Mena lo merece con creces. Y no menos la historia de nuestra creación.

MIJARES: DIÁLOGO DE LOS 80 AÑOS

Todo aniversario brinda la oportunidad de revisar la definición y valoración de una persona o un hecho e intentar arrojar una nueva versión sobre ellos, la circunstancia en que se cumplen y su trascendencia. Este es el caso, al llegar a su 80 aniversario, de José María Mijares, uno de los maestros de la pintura cubana y una figura protagónica de su historia, por su condición de figura imprescindible en y de la definición y entrada en la contemporaneidad de esa plástica. Esa perspectiva, desde el implícito reconocimiento que conlleva, contribuye a fijar valores y es, a su vez, una contribución a la inteligencia de su quehacer en su momento, en su actualidad y hacia su siempre.

Es indudable que el protagonismo internacional de la plástica cubana ha alcanzado en las dos últimas décadas su nivel mayor. Para muchos ese nivel es insólito, a pesar del protagonismo mayor en que se inscribe, el del arte latinoamericano. Y no se trata de una cuestión de calidades, que sobran a la plástica cubana, sino de una confluencia de singulares y hasta excepcionales circunstancias.

Las raíces de ese protagonismo son, básicamente –desde el hecho de que la creación de los artistas cubanos a fines de los años 50 gozaba de una impresionante nómina y un no menos copioso y acabado inventario de imágenes y zonas y posibilidades de desarrollo– la toma del poder por el totalitarismo castrista, con su trágico saldo de exilio, represión y censura, que afectó todo tipo de empresa creativa e intelectual en libertad. También el hecho de que el exilio reivindicó como signo de identidad –y hasta si se quiere, en cuántos casos, el que nuestra plástica deviniera un símbolo de status– esa plástica cuando sus posibilidades económicas se lo permitieron. No menos que el gran mercado internacional del arte y, en mucho las subastas internacionales de ese arte, descubrieron el disparate y la injusticia que marginalizaban al arte latinoamericano, y por ende al cubano, y se volcaron sobre ese mercado de grandes calidades disparando de manera incesante sus precios.

A todo ello debe agregarse que el régimen habanero manipuló y manipula –independientemente del valor intrínseco de la plástica de los mayores, entre los que se cuenta Mijares, y de las nuevas generaciones formadas en su seno– ese arte como esencial y lucrativo factor de su agenda propagandística y, sí, económica. Un hecho que determinó que muchos nuevos creadores formados en el exilio y los maestros exiliados se vieran sumidos en un nuevo y mayor plano de sombra. Que padecieran de una falta de exposición y demanda que se generaba –con el apoyo, consciente o no, de elementos comerciales, críticos y académicos internacionales– desde los órganos de poder de La Habana.

De un tiempo a esta parte, aunque muchos de los creadores exiliados ya han entrado en los rangos superiores de demanda, reconocimiento y venta, no es menos cierto que la «despolitización» o «apolitización» del arte cubano impulsada fundamentalmente por el castrismo –de nuevo, en su beneficio–, sumada a las calidades y demanda del arte cubano en y por sí mismo, ha situado un cuerpo de obra. Situación que, por supuesto, en demasiados casos, no puede separarse de un mercado de falsificaciones, saqueo y dispersión del patrimonio artístico cubano, en que tienen una responsabilidad mayor el régimen habanero y sus cómplices.

En esos marcos se ha cumplido la trayectoria del maestro Mijares, exiliado en Estados Unidos desde 1968. Mijares es uno de los creadores que integra la lista de fundadores de la pintura moderna en Cuba, del mítico y diverso grupo que se conoce como La Escuela de La Habana. Es, probablemente, el pintor cuya obra tiene más demanda y venta en el exilio. Resulta prácticamente increíble el monto de piezas que llevan su firma. Esas diversas e inconfundible imágenes del pintor han venido a ser parte cotidiana de una definición de identidad de lo cubano.

A estas alturas de su vida, este maestro –que con junto a Cundo Bermúdez es el único sobreviviente del grupo que integró la seminal Escuela de la Habana– tiene bien claro lo que es y lo que ha procurado y lo que constituye raíz de su vocación y labor. Lo ha precisado así en este diálogo a sus 80 años.

¿Cómo ves, cómo valoras tu creación?

Estoy contento. Creo tener una obra. La historia es la que le dará su valor. He hecho lo que he querido en la plástica. En cuanto a la venta, es buena.

¿Qué es lo que más te importa como pintor?

Sencillamente, el dibujo. Me fascina. Me preocupo mucho por la construcción del cuadro.

¿Cuáles son tus temas básicos?
He tenido muchas facetas. Las formas volumétricas que hago ahora me interesan mucho. Durante la época de «las habaneras» hice cosas importantes y creo que esto marcó una pauta. Más atrás, los grises, los empastes, el tema cubano. Las formas que trabajo actualmente son universales. En lo que concierne a mis cuadros de este tiempo, me vuelco sobre todo en el dibujo, más que en el color. El color es un pretexto, monocromático.

¿Cuál es tu valoración y concepto del color?
Es sencillamente como una iluminación del cuadro. El «Guernica», de Picasso, una obra del siglo pasado, está hecho en blanco y negro y es un gran cuadro. Por eso me preocupa el dibujo, porque es la construcción del cuadro.

¿Qué es para ti, qué significa la Escuela de La Habana?
Ese fue el momento más brillante de la plástica y la literatura y otras expresiones creativas, intelectuales y culturales cubanas. Los años que abarcan de los 40 a los 50. La época de René Portocarrero, Cundo Bermúdez, Mario Carreño, Luis Martínez Pedro, Amelia Peláez, Fidelio Ponce. Nosotros formamos el mercado de la plástica cubana. En Cuba sólo compraba arte la clase media, los profesionales. La burguesía cubana nunca compró cuadros. Y aquí quiero recordar a Marcelo Pogolitti como creador de la nueva pintura cubana.

¿Crees que la Escuela de La Habana tiene continuidad?
Sí. Piensa en el pintor Arcadio Cancio. Sigue la tensión y el estilo de trabajo nuestro y en su obra laten ese espíritu de trabajo e imagen nuestra.

¿Podrías nombrar a algunos pintores cubanos centrales para tí?
Lam como pintor. Sin discusión. Y Ponce. Pero se hizo un conjunto magnífico. La prueba es que están presentes. Mira el *boom* de nuestra pintura. Y pensado en nuestros dibujantes: Lam, Raúl Milián, Mariano Rodríguez, Luis Martínez Pedro.

Y ya que hablamos del dibujo y los dibujantes ¿haces dibujos antes de pintar un cuadro?
Planteo el dibujo en el lienzo.

A estas alturas, ¿cuál consideras que es el aporte fundamental de tu generación?
  El ser una generación precursora en la plástica y otras manifestaciones.

Demos un salto en el tiempo a partir de ese tiempo y circunstancia. ¿Qué es para ti pintar en el exilio?
  Siempre piensas en el problema de Cuba. Pero, por encima de todo, considero mi pintura muy cubana, entre otras cosas por el color. Esa cubanía halla en el color su expresión, como la halló en Cuba.

¿Qué piensas de la pintura cubana que se cumple aquí, en el exilio?
  Creo que está bien. Le interesa a la gente joven que nació aquí y la está comprando. Los pintores son magníficos. Pero no hay continuidad, sobre todo en lo conceptual.

¿Cómo valoras a tus 80 años en el marco de tu trayectoria, en el marco de la trayectoria de tu generación, la labor realizada?
  Puedo sintetizarla afirmando: ¡Qué esfuerzo hicimos, levantar aquello y levantar Miami!

¿Qué es pintar?
  Pintar es conquistar el blanco. Por mucha idea que tengas, siempre tienes que dominar el espacio en blanco.

¿Cómo quisieras se pensara en ti?
  Como alguien que aspiró sencillamente a ser un pintor. Esa fue y es mi máxima aspiración. A los 80 años, ya lo he dicho, me siento liviano como el color, con la ligereza que tienen los azules de mis lienzos, los mismos azules del cielo que me vio nacer. Puedo decir sencillamente como Neruda que 'he vivido', pero lo he hecho, como señaló otro poeta, 'ligero de equipaje'.

  No se puede decir más a lo 80 años.

II. PALABRAS A/DE MIJARES

Tanto calor aquí, uno se asfixia.
Un clima de negreros: uno se achicharra
por fuera y por dentro. Ni la cerveza alivia;
sólo ayuda a pasar un día y una noche y otros dos,
y todo el tiempo, que es mucho.
Baja, baja más la temperatura.
Aquí no hay brisa.
La brisa, en el mejor de los casos, es un recuerdo,
y se va olvidando. Sólo permanecen los colores.
Sólo los colores son fieles, inmutables.
¿La obra?
¿La vida?
Un día tras otro, un dibujo tras otro, un cuadro tras otro.
Así hasta el fin.
¿El comienzo?
¡Vaya usted a saber! Un buen día; este mismo.
Mañana. Todos los recuerdos.
También toda la cerveza del mundo.
¿Está funcionando el aire acondicionado?
Yo nunca salgo. No quiero, y tengo mucho trabajo.
Donde dije dije, dije dije:
Mijares apenas abandona su casa. Se ha convertido en su universo. No es La Habana de la bohemia; de la embriaguez del constante andar y el lujo de la conversación, de los amigos tremendos que ya son menos; de una intensidad que simplemente se vivía y que no era necesario analizar. Es el precio que demanda la libertad y el tributo al paso del tiempo.
Quieras que no, la historia siempre te pasa la cuenta.
La tuya, que es la que menos se espera, ¿qué es uno?,
y la otra: esa marea de después, ese horizonte de antes.
Ya vamos quedando pocos, ¡cómo recuerdas cosas, Bravo!
Yo estoy bien, pero no es igual, ¡qué va a serlo!
Espérate, esos que tocan vienen a buscar un cuadro;
es un encargo que tengo que entregar esta tarde.
Es toda la vida en esto.
Donde dije dije, dije dije:

La trayectoria del pintor tiene una calidad caleidoscópica. Más que en otros artistas de su generación se palpa en su quehacer el entrecruzamiento de estéticas y movimientos pictóricos claves. Sin embargo, es sólo por fatalidades que debe señalarse en el caudal de sus lienzos y dibujos el vendaval del surrealismo, el constructivismo y el cubismo.
¿No tienes calor, Bravo? Si la lluvia refrescara.
Pero a veces es peor, el aguacero deja un vapor que te asfixia.
Por eso y por tantas cosas yo extraño mucho a Cuba.
Es la tierra de uno, tú entiendes.
Donde dije dije, dije dije:
Por eso, el recuerdo de décadas espléndidas, terribles y tumultuosas de una bohemia tan ingenua como maldita donde se fraguó la plástica, la literatura y la música cubana contemporáneas, son para Mijares su mejor patrimonio y su pérdida fundamental.
Siempre he afirmado que Cuba es una invención de sus creadores.
Un sueño tan magnífico como terrible.
Su realidad y todas las explicaciones de su realidad
están más allá de su realidad, de sus realidades.
Por eso des-soñar ese sueño es una blasfemia.
Créate tu reino, que permanece.
Tu reino son todos los reinos del sueño.
¿Explicaciones?
Donde dije dije, dije dije:
Defendiendo sin necesidad la cubanía de sus inconfundibles territorios figurativos, Mijares ha fraguado una estilizada galería de paisajes donde predominan los puertos y una zona de retratos dominada por dos personajes: la mujer y el payaso.
Las dos patrias: Cuba y la noche.
Una sola en la muerte, en la otredad.
Porque en la Isla es la luz tremenda: la luz
de las evidencias, de los espejismos.
La luz de ver distinto.
La luz maravillosa y agobiadora.
La luz que debe ser reinventada desde sí misma.
Es una luz que precisa la doma para que sea más desde su más.
Todo según la luz, al pie de la letra.
Y el sueño que es noche es el ritual que se impone a la luz.
Y las cosas serán desde la luz que cada cual haga para sí mismo.
Donde dije dije, dije dije:

Es preciso resaltar que en estas figuraciones de gran contención, aunque con frecuencia la paleta pueda ser muy rica, Mijares logra apagar la agresividad del color, y en la prolongación de las figuras y las formas inviste a lo representado de un aura de extraterritorialidad ideal. De ficción sobre las ficciones de la realidad.
¡Y cuán terribles son los postulados del estar!
Se está en el sitio desde el que se sueña el sitio en que debe estar-
[se.
Y no es una huida.
Menos una renuncia.
Jamás una negación.
Es la tierra donde canta mejor el sinsonte
y brilla más el tocororo.
Espacio de coincidencias
donde la sensualidad se cumple
a partir de la palabra/gesto
que establece decidiendo.
¿No decía aquel otro amigo achicharrado, el Maestro,
que nacer aquí (duele tener que decir allá)
es una fiesta innombrable?
Porque siempre: lo más terrible es este azoro
de sentirse uno mismo y no explicarse.
¡Pero cuánto lujo en este maremagno!
¡Qué avidez de horizonte y de sitio!
¡Qué fiesta de los sentidos y qué gravedad del sentir!
Donde dije dije, dije dije:
Esta actitud bulle de sensualidad. Es testimonio de un eros que sólo reconoce el instante como eternidad. Que entiende que hay un momento en que la lucidez y la desmesura se funden. Que se rebela entre la quietud y la tensión en la gran tradición surrealista en su voluntad de nuevo orden a partir del caos.
Intuir es una gracia; decidir es una fatalidad.
Los tubos de óleo meticulosamente ordenados
sobre la mesa, junto al caballete, son sólo eso:
colores, algo que espera.
¿Paisajes?
¿Payasos?
¿Mujeres?
¿La huesa?
¿Cómo cada cosa en cada momento y qué cosa en qué momento?

Depende de lo que bulle, en el calor aquí,
en aquella brisa para la nostalgia.
Donde dije dije, dije dije:
Lo que es válido para lo real –para su representación figurativa– en la obra de Mijares, lo es también para sus otros universos. No podía ser de otra manera. Porque en este quehacer de medio siglo no es la riqueza de lo diverso lo importante, sino la reiteración en la diversidad, represéntese como se represente, de un ideal sistema de vasos comunicantes con un único fluido. En el conocimiento de esta obra tan ofrecida a las preferencias, que no dejan de ser un legítimo juicio crítico, es significativo que en las elaboraciones más concretas del artista –donde la perfección de filo de la línea como margen del color que define en plenitud de valor y en su combinación jerarquizada– es patente la interiorización que anima sus imágenes de una anatomía ideal.
¿Está bien la temperatura?
Es que aquí nunca se puede apagar el aire acondicionado.
Esto es otro mundo, Bravo.
Y aquí también lo único que he hecho, desde que llegué,
es pintar.
¿Pintar es un delirio?
Gracias a Dios he tenido suerte, pero extraño mucho aquello,
a la gente, a aquella manera de vivir: es lo de uno.
Lo que se tiene metido dentro.
Lo que es el puro dentro.
Y uno va sobreviviendo su imagen para que sea la imagen.
Pero uno está muy solo.
Si no fuera por la disciplina,
porque este oficio es disciplina,
y algunos amigos que lo vienen a ver a uno...
Es toda una vida, Bravo, toda una vida y tú lo sabes.
¿La disciplina?
El que no puede hacerse otra cosa.
La resistencia.
Hay que seguir, ¿si no qué se hace uno?
Donde dije dije, dije dije:
Es singular como en los Mijares recientes se descubre una atenuación en las líneas maestras de sus concepciones. Esto es extraordinario en un artista cuya delicadeza es proverbial y cuya intensidad nunca ha resultado agresiva, ni en la vertiente figurativa ni en la

abstracta ni en el puro geometrismo. Esta variación se plantea en dos posibilidades: en unos casos, básicamente en la abstracción, simplifica; y en otros, de naturaleza figurativa, adensa como celebrando una eterna posibilidad que se resuelve en el lujo sereno de una belleza que aguarda, cuyo acceso es posible.
Pero están las cuatro paredes,
el ojo de la cal,
la ciudad sin centro,
las ausencias,
el silencio
y la muerte.
Y se conversa hacia adentro, con uno mismo.
El secreto y la evidencia.
Las paredes y el horizonte tan libre.
Hay que entender que el Mijares de siempre –aun en su diafanidad– retrató un mundo del que nos separaba una pared invisible. Disolvió la bruma en sus propias posibilidades. Planteó unas relaciones de color y de forma que eran la expresividad de un silencio en medio del estruendo. Hizo de lo ascensional una traducción de la nostalgia como forma de conocimiento. Por eso su pintura la asumimos sin reservas y siempre parece un poco más allá de nuestra capacidad de comunión incesante. Por eso sus lienzos nos buscan y nos eluden. Es la fijeza de la raíz de la poesía.
Las
cuatro
paredes...
Pero Mijares sigue pintando. Con óleo, no hay otra cosa. Y el mundo de ayer persiste en el cuadro de hoy. Se renueva. De eso se trata. Siempre es preciso el nuevo lienzo, el dibujo. Empezar constantemente al cabo de la vida entera pintando. Toma tiempo, por mucho que ya uno sabe su oficio. Y vuelve la mirada a coparlo todo y relacionarlo, exaltando la posibilidad del color y la plenitud de las formas que son imágenes tan antiguas como augurales. Son los tan precisos como delicados Mijares: únicos, inconfundibles en su misterio y evidencia.
Mientras tanto, Veronés corretea por toda la casa, ladra, acompaña a Mijares. Es un torbellino, puro azogue. Dicen que los animales se parecen a sus amos. No cesan la intensidad y la calma.

¿Tú no sientes calor, Bravo?
¿Nos tomamos una cervecita?

MOLNÉ: LA PINTURA DE UNA PASIÓN CUBANA

En los arranques de cualquier obra creativa, pueden detectarse signos de su identidad y posibilidad cuando, al paso del tiempo, encarne definitiva en ese quehacer que se distingue por lo que designo como firma de estilo. Los elementos integradores de esa firma de estilo son extremadamente variados y disímiles y no siguen un patrón común para todos los artistas. En el caso de Héctor Molné, descubrí esa firma de estilo en el reverso de unas imágenes que prodigaba hace décadas el pintor. Se trataba de unos caballos sumamente estilizados, puros animales de fantasía. La delicadeza de esos caballos revelaba a un artista con un profundo conocimiento de una naturaleza que había hecho suya hasta el mínimo detalle y, a la vez, una capacidad de fabulación en torno a su latido. Estaba ante la obra de un creador centrado en la tierra, el paisaje, la gente y las cosas de sus orígenes y vivencias. Ese universo lo convertiría en absoluto de su producción, explorando todos sus valores y matices, sus realidades y circunstancias, sus constantes y contradicciones, su alegría y su dolor y sus sueños y su inmediatez. Esas características lo convierten en principal pintor de lo esencial cubano a ras de mundo.

Debo citar un texto sencillo pero definitorio del artista, que ostenta un doble valor: el autobiográfico y, desde el mismo, el de aguja de marear y mapa de su pintura, que crece incesante: «Mis amigos guajiros, los vine conociendo en la Finca Managuaguito, de mi Abuelo, en esas llanuras camagüeyanas de potreros y cañaverales. A los negros y mulatos, mi gente, viví con ellos en el Barrio de la Mosca, en las cuarterías de la Plaza de Bedolla, de mi Camagüey querido, y por siempre vivirán a través de mis pinceles». Y en este punto, complemento ese testimonio de Molné con algo que me dijo en una de nuestras conversaciones y que subraya su dominio e inteligencia de su caleidoscópica temática: «El guajiro, con toda su picardía, es una persona que se vuelca mucho en sí misma, de poesía hacia dentro. El negro, con la misma autenticidad, se proyecta más al exterior, tiende a una mayor alegría. Esas sicologías las conozco bien y dan fundamento a mi obra». Así, no ha sido y no es otra cosa la existencia de Molné, sea cual fuere el paisaje en que se halle, que hacer vivir a los suyos en sus lienzos y papeles. Al otorgarles la existencia otra del arte, confirma incesante su amor por Cuba y su compromiso con la realidad que conoció.

Molné –y conocer al hombre es clave vital para una inteligencia mayor de su pintura que, debo dejarlo por sentado, vale y se justifica y sobresale por sus valores intrínsecos como pintura, con absoluta independencia de la temática– es un poderoso creador para quien la concepción y ejecución constante de su obra se impone a toda suerte de condiciones, ya sean adversas, ya favorables. Hombre solitario e incansable, lo domina una pasión cubana que, por encima de toda suerte de visión histórica, cultural o política, es producto de una torrencial espontaneidad en que cristalizan, como un siempre, los sentimientos del guajiro, del hombre de la tierra, y del más humilde hombre de la ciudad. Esa motivación raigal es fundamento de unos cuadros y dibujos en que alcanzan rango mayor la capacidad técnica y formal, el dominado oficio, al servicio de una intensa sensibilidad e intuición para abordar los centros de esencialidad cubana.

En una ocasión, cuando discutíamos su quehacer, Molné me manifestó: «Yo tengo una responsabilidad con el hombre en su paisaje. No me interesa el paisaje idealizado, sino con toda su fuerza y profundidad, reflejando tanto al medio como a los problemas sociales. Para mí, el paisaje es un pretexto para pintar al hombre cubano». Esa afirmación me sirve para precisar algo sobre la identidad que tiende asignarse al artista. No es otra que la de paisajista. Va de suyo que no puede albergarse ni la sombra de una duda de que Molné es un supremo paisajista, tanto rural como urbano. Pero lo esencial de los paisajes cubanos del creador no es el paisaje en sí mismo, sino el ser humano que da y encuentra razón en ese paisaje. Esté presente o, simplemente, se sugiera.

En el ensayo «Molné: Lo visible y lo invisible», el poeta Jorge Valls, tras buscar puntos referenciales y antecedentes del artista en la gran pintura –una búsqueda en que se entrecruzan Miahle, Landaluce, Gattorno, Cerra, Rivera y Posada, entre muchos otros–, establece la fluidez y la tensión de esta obra en que la criatura es paisaje de y en el paisaje y, no menos, alma del paisaje, y dice:

«Todo eso si Molné fuera nada más que gente. Pero es que es también paisaje, y este no se separa de las gentes, ni siquiera las circunda o enmarca, sino que se enfrasca con las mismas, como si fuera un debate del hombre (del que habita en el cuadro, del pintor y del que está contemplando), un forcejeo con las fuerzas trascendentales a los elementos. Por aquí nos vamos inadvertidamente a Turner y a aquellas turbulencias de cielo sobre la nimiedad del paraje, que llegan hasta Van Gogh y sus delirantes obsesiones de la luz devorante. Sólo que hasta ahora eran el hombre –el pueblo– o el paisaje, y en Molné, no sólo no pueden desprenderse uno del otro, sino que el paisaje arremete ciclónicamente, sin dejar espacio libre, en una vorágine pugnaz que ni él ni nosotros sabemos a dónde va a parar.

«Por eso el paisaje en Molné no es sólo campo, apertura, cielo y monte, sino el dramático y arcano panorama creado por el hombre: la calleja, la esquina, el patio, el barrio levantado con las propias manos.

«Así vamos llegando al mundo de las cosas, de las inmediatas, tocables con la punta de los dedos: una botella, un sombrero, una lámpara; y allí nos sorprendería encontrarnos con algo que, si bien podría llegar hasta Picasso, es lo más profundamente original de toda su obra». Y subraya que Molné «carga con una violencia y una contradicción de fuerzas que llegan al máximo. Por eso los grandes equilibrios de él no son sino una momentánea equiparación de fuerzas en conflicto, acaso sin solución».

Este maestro del paisaje, cuya cubanía es contraseña de universalidad, considera que su entrega y pasión por ese género es consecuencia de su admiración, respeto y conocimiento de la pintura fundadora de tres maestros del arte de su patria: Víctor Manuel, Eduardo Abela y Carlos Enríquez. Esas tres figuras mayores establecieron un final vínculo con lo esencial cubano y lo volcaron en sus piezas, tanto, como siempre he subrayado, en lo externo como en lo interno. Con esa senda se siente absolutamente comprometido Molné, que me ha manifestado que lo que quiere y ha procurado hacer siempre a todo lo largo y ancho de su andadura es rescatar y fijar los valores de lo cubano. A lo que agregó: «Cuba es una pasión y todo artista cubano debe intentar interpretarla con plena desnudez y rango artístico».

Esa pasión cubana es la que establece el registro de la copiosa obra de Molné. Al iniciar este ensayo sobre el artista, mencioné mi primer contacto con su quehacer hace ya décadas. Eran sus estilizados caballos. Revelaban una segura mano, un dominio del dibujo y un singular sentido del empleo del color. Eran la representación de un mundo ideal, lleno de belleza. Aquí, debo confesar algo. No imaginé entonces que esos caballos eran obra de un creador en que alentaba un profundo sentido social y unas vivencias de una dura y humildísima existencia. Alguien que era y sería capaz de plasmar acabadamente tanto el paisaje rural, urbano y humano que siguen obsesionándolo y que constituirán el anclaje de su rica y poderosa producción.

Siempre he sostenido que, con insólitas excepciones, la plástica latinoamericana ha padecido y padece todavía, el embate de una «pintura comprometida», una pintura de lucha y reivindicación social que debe su ejecución y difusión a las agendas políticas de la izquierda. Sin lugar a dudas, Molné ha explorado y desarrollado, en zonas muy definidas del registro de sus cuadros y dibujos, una copiosa sucesión de imágenes en que capta e interpreta una serie de problemas sociales, económicos y políticos que son factores constitutivos de esa temática social. Esa constancia se debe en gran medida a su propia experiencia y a una voluntad de bien. Es algo que responde a la fidelidad a sí mismo y a realidades que le obsesionan.

Sus obras de esta naturaleza, impecablemente ejecutadas, no son fáciles de encajar. No es el tipo de pintura con la que es fácil convivir. Lo que las diferencia de la espuria «pintura comprometida» es que, sin traicionar su espíritu, lo trascienden por sus calidades. Con esto bien establecido, debo insistir en esa final certidumbre del creador que recién mencioné. El hecho de que «todo artista cubano debe interpretarla (a Cuba) con plena desnudez y rango artístico».

Esto nos sumerge de lleno en la que considero su obra mayor, más permanente y trascendental. Es su reflexión y creación plástica de madurez. Aquella en que plasma «el vivir distinto» de los suyos, de su gente. Quizás algunas de las imágenes de esa zona no son lo que se designaría como amables, pero que por su carga de belleza, de poesía y de verdad nos entregan hechos de la vida cotidiana tanto en sus manifestaciones rurales como urbanas. Cuadros en que se hacen patente un sentido jubilar y no sólo celebran el paisaje sino también, una real alegría y, tanto, una inmensa sensualidad. Son la fiesta campesina o urbana. Las pasiones desbocadas. El espectro de las creencias populares. La belleza elemental, sin afeites, la entrega absoluta Y, de nuevo, los esplendores que se entregan incontenibles y los esplendores latentes de la realidad. La gravitación de una profunda humanidad.

Ese inventario –y todo inventario, hasta el más exhaustivo, es insuficiente–, corrobora algo que una vez me dijo con enorme sencillez el pintor: «Cuando salí de Cuba, me llevé un pedazo de palmar conmigo». En otras palabras: La fidelidad al ambiente y la circunstancia y los personajes de su pintura, los humildes de la ciudad y del campo que son su patrimonio.

Creo que a un artista hay que juzgarlo por el conjunto de su obra y que una obra es una monolítica expresión de continuidad, un incesante crecimiento. Sólo que un recorrido por una totalidad creativa, si hay excelencia en quien la ejecuta, alcanza un momento de cristalización que lo establece definitivo, en primer y absoluto término, estrictamente por las calidades de su pintura, por encima de cualquiera otra consideración o factor.

Esa obra de culminación es en Molné un derroche de auténtica poesía que se alza, desde su a ras de mundo, a un absoluto de evidencia y enigma, de belleza y de una abrumadora pasión por la vida. No son otra cosa sus cuadros y dibujos de madurez. Esas piezas –de tan consumado dominio del oficio, de estricta certidumbre en la validez de sus certidumbres y la esencialidad inherente a toda obra mayor– son umbral y dominio de una singular belleza que determinan la urgencia de convivir con sus siempre renovadas sugerencias y su fuerza que, también, pueden ser expresión de calma.

Estas obras se caracterizan por un complejo y feliz manejo de la composición; por un dibujo tan seguro como minucioso que sabe resaltar los rasgos de las personas y las cosas y, no menos, situarlos, para enriquecer su capacidad comunicativa, en planos diversos; por una rica paleta que se complace en los esplendores y significados de los colores y los hace instrumento de sombras, penumbras y esplendores. Todo lo que se alza con la expresiva densidad de las texturas. Y central en esta obra: el manejo de las luces. Es realmente superior, casi increíble, y sus relaciones nos entregan una magia que roza con lo imposible.

Pasión y realidad cubanas; historia y deseo y posibilidad; memoria y sueño; fuerza y delicadeza; oficio maestro; final estilo; el imperio de la belleza y su reverso y el absoluto de la poesía son la razón y clave de la obra del maestro Héctor Molné.

TOMÁS OLIVA DIALOGA CON LA ESCULTURA

Tomás Oliva es un hombre para quien el diálogo y la discusión son imprescindibles. Es esa necesidad vital la que le llevó a dedicarse a la escultura. Su práctica constituye para él la forma de expresar el pensamiento.

Oliva, uno de los más importantes escultores latinoamericanos contemporáneos, es un trabajador infatigable que entiende que la escultura es una de las formas de la poesía y de la filosofía. También un campo ilimitado donde se pueden verificar todas las formulaciones, las luchas y las soluciones posibles.

La indivisible aventura estética y personal de Tomás Oliva se inició en sus años de estudiante en La Habana, en la Academia de Arte de San Alejandro, pero encontró su órbita en 1953, cuando con Agustín Cárdenas, José Antonio Diaz Peláez, Francisco Antigua, Guido Llinás, Hugo Consuegra, José Ignacio Bermúdez, Antonio Vidal, Viredo y René Ávila realiza una exposición colectiva en la Sociedad Nuestro Tiempo.

Aquel intento de ponerse en contacto con el ámbito cubano sería el nacimiento del Grupo de los Once, cuya actividad fue un factor esencial de renovación de la plástica en Cuba.

EL HIERRO: SÍMBOLO DE NUESTRA ÉPOCA

Cuando se ve trabajar a Tomás Oliva se tiene conciencia del enorme esfuerzo físico que demanda la escultura. A la intemperie, en un denso jardín donde la luz se filtra por las entretejidas ramas de los árboles, el artista corta, golpea y moldea los más resistentes materiales.

Crea piezas que se definen por la monumentalidad, esa dimensión que no se encuentra en el tamaño físico, sino en los factores que están en juego en la escultura, que es un producto de la imaginación.

Hasta la escultura más pequeña de Oliva comunica esa monumentalidad, que puede definirse como una consecuencia absoluta del pensamiento del espectador frente a unas proporciones hechas por el artista.

Muchos identificarán la copiosa obra escultórica de Tomás Oliva con el hierro. El artista ha logrado arrancar a ese difícil material, que muchas veces modifica a partir de objetos mecánicos, un lenguaje propio.

La razón de esa preferencia por el hierro es que el escultor lo considera un símbolo de nuestra época. «Lo vemos», dice, «en las más inimaginables formas y tamaños».

LUCHA ENTRE LA EMOCIÓN Y LA RAZÓN

Esta preferencia de Oliva por un material de tan ardua elaboración es producto de su evolución personal y, también, del descubrimiento de una filosofía de la creación.

«A partir de que acometo la escultura como una experiencia estética», recuerda Tomás Oliva, «voy descubriendo, desde mi interés inicial por la composición, que había una enorme relación entre la materia que trabajaba y las posibilidades expresivas formales. Hice experimentos con distintos materiales, y fui derivando hacia el hierro como la forma óptima de expresión».

Esa forma óptima de expresión ha llevado a Tomás Oliva a una definición personal de la escultura, en la que se integra una visión general del mundo.

«Para mí, la escultura es el resultado de la lucha entre la emoción y la razón. Esta varía de acuerdo con los tiempos. Desde un punto de vista filosófico, hay épocas más inductivas, y épocas más deductivas. La que nos ha tocado vivir es totalmente inductiva. Pero arrastramos nuestra formación», señala el escultor.

INFLUENCIA DE GONZÁLEZ, GIACOMETTI

En la biografía espiritual de todo artista, esa formación tiene un capitulo central, el de las influencias. Oliva no vacila al señalar las suyas:

«El español Julio González y Giacometti. González por su realización y por su sentido de la realidad. Giacometti me interesa más filosóficamente por la interrelación entre la figura y el espacio. Mi respeto por él no se centra en el aspecto formal de su escultura, sino en lo más esencial de esa interrelación».

En este sentido es preciso destacar la vigencia que Tomás Oliva otorga al espacio, que para él es una forma negativa de la escultura.

Por ello, se constituye en lo más positivo y esencial como forma de expresión. Así se puede afirmar que Oliva ha llegado a un momento en que no le interesa la escultura como objeto, sino las interrelaciones de espacios referidas a ella.

La exposición a cualquier obra de Tomás Oliva plantea dos preguntas indisolublemente ligadas: ¿cual es la gestación de la obra de arte y en qué consiste el proceso de creación?

La primera pregunta la responde Tomás Oliva con la intensidad que lo caracteriza. «Para mí, la vida. Y en un momento determinado todo el mundo perceptual que te está penetrando y al que estás receptivo. Cuando eso se produce, se va creando una suerte de simbología formal que se convertirá en el instrumento de tu expresión. Hay algo de lo que percibes que se asienta en ti y te permite definir valoraciones».

LA CREACIÓN COMO AVENTURA

En lo que toca al proceso de creación, que en nuestra época es para muchos el eje de la creación misma, es innecesario señalar que cada artista tiene su versión personal de ese proceso. Tomás Oliva concibe la escultura de una forma total. Es decir, concibe el contexto total de la forma, y eso constituye el punto de partida para la elaboración de la obra.

Cualquier escultura de Tomás Oliva plantea una especulación inconsciente entre la propia pieza, el ámbito y el espectador. Ese absoluto es parte esencial de la concepción artística del escultor. Es también una toma de posesión y un desafio.

Para Oliva «si la escultura está en función determinada puede responder a esa necesidad. Pero en cualquier obra se puede partir de premisas, y creo que una premisa asimilada no es un factor limitante de la concepción estética. Es más, puede ser un factor incitante en la búsqueda de soluciones formales completamente nuevas».

Si Oliva parte en todo su quehacer de esta premisa, la posibilidad de comunicación se hace más evidente en sus trabajos en hierro. Es el milagro de la participación del hecho creativo.

«Con cualquier obra uno lanza como una señal. Esa señal debe ser recibida. Y entre la emisión y la recepción está la aventura. El espectador puede leer la obra de una forma u otra. Yo creo que es justamente en esa correlación entre lectura y obra que reside lo que es el verdadero arte: que es la recreación», afirma el escultor.

LA POESÍA: EL ÚLTIMO REDUCTO

Con su afán de precisiones, Oliva define su pensamiento: «Para mí, el arte existe cuando se recrea, se visita y se contempla. En ese punto se establece un nexo entre espectador y autor. Es entonces cuando el espectador deviene coautor, participe o no».

La larga e importante carrera artística de Tomás Oliva es inseparable de su activa vinculación al proceso cultural y político cubano. Esa vinculación a las realidades de su patria sigue constituyendo una preocupación fundamental en su vida. El exilio no ha podido ni mitigarla ni extinguirla.

¿Cómo se refleja esa condición en la actual creación del escultor?

«Lo que ahora procuro es la poesía. Sobre todo la que surge de la relación entre el individuo y el ámbito. Quizás esto es consecuencia de una marginación intelectual. Porque creo que la poesía es el ultimo reducto de la expresión individual», reflexiona Oliva.

«Creo que todos somos unos marginados, porque estamos en un ámbito que filosóficamente no es consecuente con nosotros mismos», sigue diciendo el escultor. «Hay quien tiene una propensión hacia el materialismo, que lo lleva a una fácil y rápida adaptación. Pero considero que estamos aquí precisamente por las razones contrarias. Por razones más espirituales».

ESTÉTICA DE CONTRASTES

A pesar de ese desarraigo, Tomás Oliva trabaja con la misma intensidad con que lo hizo cuando se inició en la escultura. Su quehacer se realiza en la soledad de un jardín donde en un pedazo de tierra puede fundir un bronce exquisito, mientras abre un espacio entre las plantas para unas estructuras de finísimos alambres.

Pero en el sitio de trabajo, que es donde se cumple la vida del artista, siguen dominando las esculturas en hierro. Unas están terminadas, otras en proceso y otras son simplemente una forma que empieza a insinuarse a partir de unos pocos fragmentos, unidos por puntos de soldadura.

Es un mundo tan propio como secreto en que alienta esa necesidad de diálogo que Tomás Oliva asigna a la escultura. Cada pieza es un discurso, pero con el paso del tiempo esas palabras en metal han decantado su latente fuerza para dar un espacio mayor a la poesía.

«Toda la escultura se reduce a una estética de contrastes. Porque entre los contrastes podemos encontrarlo todo, y fundamentalmente, la armonía», dice Tomás Oliva, mientras da forma a una lámina de hierro.

En cada golpe está la conversación del artista hacia una conversación mayor desde la escultura. En ella radica la belleza que es forma y espacio.

GUÍA DE TOMÁS OLIVA

Nació en La Habana, en 1930. Estudió en la Academia de San Alejandro; en la Real Escuela de Cerámica de la Moncloa, en Madrid; en la Ecole de Ceramique de Ravena et Mosaic de Faienze, París; animación plástica cinematográfica con Ivan Zeiler; y diseño escenográfico con Ladislav Vihodil.

En 1953 participa en la fundación del Grupo de los Once. Ha sido profesor de diseño bi y tridimensional en la Escuela de Arquitectura de la Universidad de La Habana; de diseño y tecnología artesanal en la Escuela de Artesanía de La Habana; y profesor de diseño escenográfico en la Escuela Nacional de Arte de Cubanacán, también en La Habana.

Ha expuesto, entre otras, en las galerías Clan y Fernando Fe, de Madrid; la Galería Sudamericana, de Nueva York; la Galería de Arte Contemporáneo, de Caracas.

Ha participado en bienales en Chile, México y Brasil, donde en el marco del evento presentó una exposición personal; y en el Salón de Mayo, La Habana-París.

Ha ganado distintos premios internacionales y tiene esculturas monumentales en Cuba y España, así como en colecciones privadas.

MIGUEL PADURA: BUSCAR DESDE EL HALLAZGO

A sus 41 años, Miguel Padura es uno de los pintores cubanos que más rápida y establemente ha establecido las calidades de su obra. Esta conoce el halago mayor de la demanda en espera de piezas disponibles. La celebración sin peros de la imagen plasmada sobre el lienzo.

El secreto de ese éxito en una plaza como Miami –en que son muchos los factores que determinan el protagonismo artístico, que demasiadas veces obedece a agendas económicas que pasan por alto la calidad de la creación, y otras agendas en que se entrecruzan política y mediocridad– es que Padura ha sido desde siempre un dibujante de primer orden y, por ello, porque sin dibujo no hay pintura, ha plasmado sobre el lienzo una obra llena de belleza y misterio con todo el rigor del arte de pintar.

Padura pertenece por derecho propio a una estirpe de realistas latinoamericanos como el chileno Claudio Bravo, el colombiano Enrique Grau y el cubano Luis Vega. A las firmas de estilo de ese trío, el joven artista residente en Miami incorpora su firma, caracterizada por un misterio, una poesía y un cierto hieratismo que imprime tanto a la figura como a la naturaleza muerta, sus dos grandes temas.

Engañosamente sencillas en su planteamiento, refinadísimas en su ejecución, las piezas de Padura son producto de una fantasía anclada en el recuerdo que se reinventa a sí misma a través de una simplificación que se constituye en arquitectura de una obra plena.

Estamos, pues, ante una obra que deliberadamente estructurada se ofrece como el enigma de unos dados que no acaban de caer, eternizando la fascinación de la suerte.

La nueva colección de obras que presenta Padura en Elite Fine Art, de Coral Gables, constituirá, sin lugar a dudas, una sorpresa para los visitantes, tanto si conocen la producción anterior como si enfrentan por vez primera el trabajo del artista. Para empezar, la muestra patentiza un regreso al trabajo en papel.

Ese regreso parte del interés reciente que sintió el artista por la gráfica y especialmente por el monotipo. Ambos los satisfizo plenamente en el Miami-Dade Community College, donde ejecutó los monotipos de esta exposición. El medio, nuevo para Padura, hizo que en el proceso creativo algunas veces añadiera elementos y, en otros, dejara los monotipos tal como salieron.

Los monotipos que nos entrega Padura son una reafirmación de sus dotes de soberano dibujante. Unas calidades que la mecánica del nuevo medio hizo afilar y ajustar a las demandas de la formulación de la imagen. Así, estas piezas, en el espíritu del dibujo esencial y primero, se nos ofrecen en blanco y negro en su expansión mayor. Ya que el creador quiso ser parco en el uso del color para concentrarse en el dibujo.

Los papeles de la exposición tienen un sólido elemento unitivo, el modelo utilizado. Es un personaje entrañable al pintor que ya aparece en obra anterior, Tata. Tata es una anciana negra que crió al pintor y sus hermanos, tras haber criado a la madre y la tía del artista. Padura se aproxima a la anciana con tanto cariño como fidelidad a la imagen.

Así, cada una de sus piezas es un estudio de posibilidades de contemplación e imaginación de la anciana a la que el paso del tiempo puede haber inevitablemente castigado en lo físico, pero se mantiene intacta en su fuerza y pureza. De esta suerte, el artista nos entrega a una Tata con velo, otra con cometas, otra con la boca abierta y otra sin boca.

También en papel, veremos plasmada con la misma fuerza que la Tata, a otra anciana, la abuela del pintor, que destaca por el azul de sus ojos en las densidades sombrías de la obra. La Tata domina la mayoría de las obras en papel y dos de los únicos tres lienzos de la exposición.

Uno de los lienzos, que muchos no vacilarían en afiliar al espíritu surrealista, es «New Moon», en que la Tata aparece sentada en un espacio indefinible y tiene su cabeza y espalda cubiertas por un manto que desciende hasta el suelo. El otro lienzo es «Tata». En él, Padura se concentra en la cabeza de su modelo ideal y se permite un uso mayor del color.

La única pieza de la muestra que, en cierta medida rompe, a su modo, con la oscuridad justa que domina a esta colección es el lienzo «I will whisper your name», que muestra un denso y oscuro bosque en que vemos a una niña, a un ángel luminoso que ruega llena de pureza ante una figura semejante a ella. En este cuadro de enorme delicadeza, Padura entrega un retrato de su hija Emily.

No es fácil género el retrato, pero no cabe duda que Padura alcanza en el mismo una legítima maestría. Sus orígenes están en el dominio de su oficio. En la forma y el como pinta, más que en lo que pinta. Aquí tenemos el caso de un creador en que oficio e imagen, de hecho absolutamente independientes, coinciden y se integran en un afán de adentramiento personal en la memoria y el sueño y la fantasía para plasmar la iluminación que se ofrece en obra y belleza.

Siempre, hasta el más hecho de los artistas, se está haciendo. Es el caso de Padura. En ese ritual, cumple ahora con el retorno al dibujo, con la nueva elaboración del universo de y en torno a su Tata, a buscar desde el hallazgo. Que es otra de las claves de la gran pintura.

GINA PELLÓN: EL MÁS DE LA BELLEZA, LA INOCENCIA Y LA LUMINOSIDAD

Una de las zonas más singulares de la pintura es la que hace del lienzo tan algo inmenso como íntimo. Que en su blanco, inicio de su posibilidad, vuelca desde las imprescindibles seguridades del oficio dominado, una espontaneidad, un dibujo que otorga a la composición el latido de una fuerza tan elemental como delicada. Que emplea el color con un sentido jubilar. Que logra que la encarnación de la imagen, sea ésta cual fuese, tenga tanto de sabiduría como de inocencia. Que siempre fija el latido de la belleza afianzada en la poesía.

En esa senda y dominio de la expresión plástica que siempre me ha fascinado más allá de la gravitación, inteligencia y discurso de su especificidad –un espectro infinito–, es para mí muy especial y entrañable la obra de la pintora cubana Gina Pellón. Su quehacer forma parte del caudal permanente de la rica creación cubana. En su marco, tan incidido en estos tiempos por piezas que no resistirán, por mucho que sea su protagonismo coyuntural, la final, inevitable e imprescindible crítica del paso del tiempo, Pellón ha mantenido algo que significa la autenticidad confirmatoria del artista. Es la fidelidad traducida en calidades de lo que son valores fundamentales de su visión del mundo, de sí misma y de la continuidad calada de búsqueda, renovación y exaltación de los absolutos del arte.

Pellón está presentando una nueva colección de su obra en Elite Fine Art, de Coral Gables. Son lienzos realizados este año que con gran frescura reafirman los inconfundibles signos de identidad de su tenaz quehacer. Un quehacer en que la libertad es vibración en sus máximos. Una libertad ahora más cuajada por la madurez de la artista. Una libertad que, vuelta sobre sí misma, sigue reivindicando la constante de posibilidad que alienta en su pintura.

Por años he seguido puntualmente el quehacer de Pellón. Hay en esa andadura factores que cristalizan, siempre con novedad y excelencia, en la producción de esta pintora graduada en la habanera Academia de San Alejandro, en 1954, y que reside hace décadas en París. A la vista de sus cuadros, considero y reitero que su temprana dedicación a la enseñanza de los niños fue determinante en el establecimiento de su estilo. En ese estilo alienta la libérrima espontaneidad e insólita visión infantil y la pasión por el color.

Ese impulso se enriquece, decanta y fragua con sello propio a partir de la gravitación de otros factores. Son la seminal irrupción del abstraccionismo abstracto, el «action painting», la elementalidad del Grupo Cobra –especialmente de Appel– y la intensidad del a ras de mundo de Dubuffet.

Un recorrido por esta nueva colección comienza por dominar nuestra atención por una de las firmas de estilo de la pintora. Es el color. Más que el dibujo suelto, entregado como insinuación de la imagen precisa, Pellón, con tanta astucia como espontaneidad, hace del ofrecimiento de su paleta tanto materia, densidad y esencia como evaporación. Sus colores son celebración pero, a su vez, subrayado de sentimiento temático. Son reverso de la escritura del significado de aquello cuya encarnación visual propician. En una propuesta imposible, si se suprimiese el dibujo de sus cuadros, esos colores se reinterpretarían a sí mismos desde los códigos de la abstracción.

Así, sin olvidar la temática de sus imágenes, esos colores se inscriben de lleno en lo más decantado de la expresión plástica cubana en esa vertiente en que el color constituye amparo de la luz terrible, refinada sabiduría del vivir, ámbito propicio de historias tan inmediatas como susurradas.

Son esas historias las que se suceden en los cuadros de la muestra. Son historias que, me siento tentado a afirmar, son tan criollas como proustianas, y son como iluminaciones de una frágil y bella época en la que hay también planos de sombra. De esta suerte, esta pintura con la que verdaderamente se quiere convivir –algo esencial que mucho se olvida– plasma con la fantasía, la imaginación y las vivencias de la artista, un universo tan fijo como delicado. Un universo que, de un punto a otro de sus máximos, está empeñado en la reivindicación de la belleza.

Hay siempre un reverso, una otredad en la pintura de Pellón. En su cocina. Es la certidumbre de que una obra tan hecha y tan abierta como la suya, se reconstituye y recrea de manera incesante en la mirada del otro, aunque sea más que suficiente y definitiva en sí misma. Sólo se pinta así cuando no se puede ni se quiere mentir con y desde la obra. Cuando ésta se halla calada por su naturaleza intrínseca y rechaza artimañas y otras exigencias lamentables. Cuando la autenticidad no se pone límites a sí misma y no se rige por las demandas de lo efímero. Cuando se afianza en el siempre.

En ese siempre, esta nueva colección de Pellón en que los lienzos son inmediatez y hondura de sus personajes femeninos, y que desde la vida interior de cada fascinante figura se establece una versión de la existencia, quiero subrayar por encima de cualquier matiz, un elemento más y esencial de la arquitectura de esta obra. Es su luminosidad. Tan enorme como la belleza y la inocencia.

DENIS PERKINS: UNA PINTURA ÍNTIMA

El pintor cubano Denis Perkins, al que tantos llaman Dionisio, tiene varios signos de identidad. Son la fineza de su modestia; el ser, desde su llegada al exilio en 1960, un precursor de la difusión y vigencia del arte cubano y de la creación en Miami; y ser un creador que hace su obra por la pura urgencia y el placer de pintar, sin buscar nada más.

A los 68 años, sin tener nada que ver con esos súbitos e inexplicables protagonismos en el mundo del arte que se dan entre nosotros, Perkins ha perdido la cuenta del copioso número de piezas que ha realizado, orgullo tanto de coleccionistas y conocedores, como de aquellos que quieren llevar a sus casas algo hermoso que los acompañe.

Desde el viernes 2 de mayo, los que conocen la obra de Perkins y los que se inician en esa pasión que es apreciar y poseer buena pintura, tienen la singular oportunidad —¿porque cuándo expone este artista en galerías?— de ver una colección de sus piezas, realizada entre 1994 y 1997, en Cuban Collection Fine Art, de Coral Gables.

Los visitantes a la muestra verán al Perkins de siempre y a un Perkins distinto. Por supuesto, el ser humano es presencia absoluta en estos cuadros. Nunca ha faltado en este tenaz quehacer. Es, junto al paisaje, su motivación esencial.

Casi siempre, los rostros y figuras de Perkins son mujeres. Unas mujeres imaginarias, que se mueven de un tiempo a otro, que se pueden insertar en cualquier paisaje, y que, sin embargo, nos resultan familiares.

Caracteriza a esas mujeres una expresión que puede resultar triste a primera vista, pero en realidad va —hasta sin descontar la tristeza— más allá de una respuesta inmediata a algo circunstancial o permanente, hacia la intimidad del ser. De ahí su intensidad.

Junto con la figura, Perkins siempre ha ejecutado unos paisajes rotundos, esencializados. También el rasgo enérgico que enfatiza a sus rostros, pasa a sus campos, a sus ciudades, a sus interiores. Igualmente, son paisajes que, a pesar de que pueda dárseles una situación geográfica por afinidad con los datos de la realidad, participan de lo imaginario.

La clásica paleta de Perkins se identifica por su parquedad. Se complace en las tierras, los verdes y los azules. A partir del trabajo directo con la tela, cuando incorpora un color lo hace para enfatizar la expresividad de la pieza. Es significativo que esos colores tienden, sin perder los límites del dibujo de la forma, a fundirse.

Cuando el expositor dibuja la línea que precisa sus figuras, esta cobra una hondura desde su penumbra, lo que incrementa el dramatismo de unas imágenes que se caracterizan por su vigor y su sencillez. En este sentido, en sus diversos viajes a México, Perkins se ha sentido profundamente tocado por la plástica de ese país, muy especialmente por Diego Rivera.

Todos esos valores de su obra anterior persisten depurados en esta colección. De manera que la firma de estilo que siempre ha procurado fijar Perkins, sigue intacta e inconfundible. Los cambios —¿sería mejor decir los matices?—, lo que hacen es dar una nueva perspectiva a su mundo.

En términos generales, podrían caracterizarse los «cambios» señalando que ahora hay una deliberada integración de figura y paisaje. Ambos tienden a complementarse creando una unidad expresiva. Aunque en algunos casos, como en la pieza «Catedral», el edificio sea el único elemento del lienzo.

Así, Perkins considera estas nuevas obras como «composiciones», en que los elementos se manejan con plena libertad. No obstante, esta pintura figurativa y de decantada estirpe expresionista conserva la fuerza narrativa de toda la producción previa del artista. Es testimonio de un adentramiento en el espíritu humano y su circunstancia, desde una voluntad de belleza.

La paleta, por supuesto, se ha enriquecido de manera notable. Ahora hay un uso más abundante del color en todo su espectro. A diferencia de etapas anteriores, no se aplica por medio de esponjas, sino con pincel, lo que concreta los rasgos. También, la exuberancia cromática otorga una alegría distinta a los cuadros.

La hermosa exposición de este maestro es tanto una celebración a la pintura histórica cubana, como a la pasión por pintar. Al paisaje en que el ser humano cumple su destino, como al espacio en que son sus sueños. No menos, es expresión de voluntad de belleza. Esa diversidad, desde la sensibilidad del artista, la convierte en imagen final de la intimidad en que la persona alcanza los máximos de la plenitud. Eso sólo puede plasmarlo ese artífice que no sabe que lo es, Denis Perkins.

FÉLIX RAMOS: LA TRADICIÓN DEL PAISAJE

Félix Ramos es un ermitaño. Un artista al que no le interesa que se ocupen ni de su persona ni de su obra. Alguien que desea estar tranquilo y, a sus 70 años, hacer cosas que no hizo en su vida, y que siempre le interesaron. ¿Por qué?

«Simplemente porque uno merece un poco de reposo, y cuando empiezan a caer los años, uno quiere averiguar lo que despertó su curiosidad de joven. Por eso me he metido en la cerámica».

Pero decir Félix Ramos es decir paisaje y algo más: una tradición de paisaje. Su padre, Domingo Ramos, es sin lugar a dudas el paisajista cubano más celebre de este siglo que se va. Un verdadero forzado de la pintura. Y Félix estuvo pintando a su lado desde los 16 años.

Esa colaboración no implicó ni una servidumbre ni un quehacer imitativo. Fue el espacio donde se desarrolló toda una personalidad creadora con plena conciencia de sus horizontes y recursos.

«La técnica de mi padre y la mía son completamente distintas. Él usaba muy bien la espátula, pintaba a la prima fraccionaria, por segmentos. Yo dibujo todo. Mancho como si fuese una acuarela y después le voy aplicando los empastes. Hicimos muchos cuadros juntos, con esas diferencias de método, pero al final no aparecían en la obra».

Para los Ramos pintar fue un oficio, un actividad febril. La practicaron en la gran tradición del taller. A veces trabajaban con varios ayudantes, entre ellos Hipólito Canal, Andrés Nogueira y, en los últimos años, Emilio Estévez, que murió muy joven en el exilio.

«Si tuviese que contar como era nuestra vida, bastaría decir que desayunábamos y comíamos, nada de almuerzo. Todo era pintar, disciplina. Ni agua se tomaba. Pero en el taller existía una atmósfera encantada, de amistad, en la que la imprescindible colaboración estaba presidida por el humor».

A este estilo de trabajo se debe el hecho de que, como cree Félix Ramos, la producción de su padre sea la mayor en la historia de la pintura cubana.

Por muchos años, durante las vacaciones de verano, los Ramos alquilaban un bohío, una casa en el campo, y se dedicaban a pintar bocetos. Su único alimento en aquellas jornadas era unas frutas y unas galletas que llevaban en un cartucho. Aquellos bocetos serían la base de la obra posterior.

«Cuando salí al exilio con mi familia pasé mucho. No podía trabajar a partir de bocetos. Aquí es muy difícil hacerlo. En primer lugar por el problema del transporte. Recuerdo que al principio salía en automóvil y tomaba fotografías con una cámara prestada».

«No tardé en darme cuenta de que la fotografía hay que interpretarla porque no se puede pintar lo que uno ve. Así, interpreto, y el resto es a mi idea; y si no puedo concretar esa idea, busco documentación para acabar la obra».

El hecho de que los cuadros de Domingo y Félix Ramos son perfectamente identificables y singularizables se debe fundamentalmente a que ambos establecieron una escuela de aproximación al paisaje.

Los cuadros de Domingo Ramos eran más fuertes de lo que se veía en la realidad. Matizada por su oficio, su pintura era de gran crudeza. Por su parte, los oleos de Félix están dominados por una visión más poética e idealista. El pintor se considera de lleno dentro del postimpresionismo, aunque su paleta sea absolutamente impresionista.

NO HAY PINTURA SIN DIBUJO

«Mi padre fue alumno de Romanach y de Menocal, pero no aceptó la influencia anterior, de los académicos. Cuando empezó a pintar estaban en boga los impresionistas y los posimpresionistas, que no usan ni el negro ni las tierras. Si tuviera que señalar una influencia en su obra, diría que es la del belga Carlos Haes, al que estudió en el Museo de Arte Moderno de Madrid. Esa impronta se veía en el estilo facetado de mi padre».

No hay pintura sin dibujo. Y si se analiza cualquiera de las delicadas obras de Félix Ramos, se verá que dibuja cuando pinta y que el 90 por ciento de su trabajo es precisamente el dibujo. A estas alturas, el artista deplora que sean pocos los que quieran dedicarse a esta disciplina imprescindible.

Ese dibujo y todo lo demás va en el acarreo de la formación de Félix Ramos. En su impregnación de influencias y en su decantación de estímulos y retos en pos de su propia personalidad e imágenes.

En ese inventario son imprescindibles los nombres de Eugenio Olivera, su maestro; Sánchez Araujo; García Cabrera, a quien mucho admiró; Gumersindo Barea; el pintor valenciano Mir; el Romanach de las marinas, quizás porque Domingo Ramos no las hacía; Eduardo Abela, por razones que el artista no podría explicar; Carlos Enríquez; Ponce y la mayoría de los pintores españoles contemporáneos de su padre: Sorolla; Zuloaga; Cecilio Pla...

INSALVABLE AÑORANZA

En la vida de Félix Ramos se puede precisar un cambio de visión que se refleja en su obra. Está determinado por su exilio, por la falta del paisaje en que creció y que pintó. Estricto crítico de su propio trabajo, el artista, cuando quiere hablar de su trayectoria, expresa una insalvable añoranza.

«Si tuviera ante mí el paisaje cubano, pintaría mejor. Una cosa es inventar y otra ver. En las ocasiones en que aquí pinto del natural, mis cuadros tienen una calidad superior. Es curioso, le he tomado el gusto a lo que llamo paisaje de costa, y es en el exilio donde verdaderamente le he dedicado tiempo».

En su larga carrera, Félix Ramos ha realizado cuadros de grandes proporciones. También los ha restaurado. Pero ahora, ese tipo de obras ya no tientan al artista. Sus actuales pinturas son de proporciones muy reducidas. Sin embargo, esas pinturas mantienen todos los rasgos de su quehacer mayor. Y en cierto sentido, han ganado en intensidad. Obligan a una percepción más dentro de la poesía que siempre ha procurado el paisajista.

«Ya no hago cuadros grandes. Lo que hubiese hecho en quince días, ahora me tomaría un año. Si tuviese un ayudante quizás trabajaría esas obras de gran volumen. Pero es difícil hallarlo. Y solo no hago nada. Aquí no hay taller».

Desde que era muy joven, el magisterio ha sido parte de la carrera artística de Félix Ramos. Enseñó dibujo en la Academia de Bellas Artes de San Alejandro, en La Habana, y en otras instituciones. En Miami, sigue haciéndolo en el Miami Art Club junto a Félix de Cossio, Francisco Casas, Manuel Cano Vaca y Ricardo Irrizarri.

Muchos de sus cuadros se producen mientras está con sus discípulos. Se entiende muy bien con ellos, quizás por su capacidad de síntesis. Su método es muy sencillo. Da clases de dibujo con carboncillo, que es lo que más se aproxima al óleo. Después pasa al pastel.

IMÁGENES LLENAS DE ESPONTANEIDAD

Superadas estas fases, hace que sus alumnos usen el óleo, los colores primarios, y traten de conseguir todos los efectos posibles partiendo del amarillo, el rojo y el azul. Cuando se logra ese dominio, agrega el naranja y el verde.

En esas clases persiste, en cierto sentido, la tradición paisajística de los Ramos. Aunque es preciso señalar que el estilo de Félix se impone, quizás por su poder de síntesis, por la atmósfera mágica con que fija una realidad y la transforma en imágenes llenas de espontaneidad.

Cada vez más la pintura está sujeta al cambio, a la evolución, a imperativos coyunturales. Sólo el tiempo fija los valores. Al igual que la pintura de Domingo Ramos es parte de la historia de la plástica cubana de este siglo, la de Félix tiene su propio territorio en esa historia. Y quizás ese estilo de aproximación al paisaje tenga su culminación en él.

Félix Ramos tiene en su poder muy pocos cuadros, a pesar de la demanda que tiene su obra. Es natural que así sea. Porque también el pintor, que trabajó toda una vida desde el amanecer hasta casi la medianoche, que ha vivido para pintar y pintado para vivir sobriamente, merece un cierto reposo.

Quizás ese descanso que no se dio, ya en el exilio lo tuvo cuando perdió la vista y se vio sometido a un arduo proceso de recuperación. Es justo que así sea.

Pero de todas suertes, no deja de pintar este ermitaño todo sencillez. Y en su «pintura americana» sigue reafirmando −con elementos vitales que no empleó en su «pintura cubana»− esa reverencia por el paisaje que permanece en los cuadros de su padre y los suyos. Esa es la materia de la tradición. También de la belleza.

ARTURO RODRÍGUEZ Y SU ARCHIPIÉLAGO FANTASMA

En el laberíntico universo de la plástica cubana de las últimas cuatro décadas, el pintor exiliado Arturo Rodríguez es una de las figuras más serias y sólidas. Su obra de ardua fascinación no ha descendido a las servidumbres de tantas agendas críticas, comerciales y políticas que recorren el mundo del arte.

Desde siempre, su pintura no se ha hecho para halagar y hallar aceptación, sino para ser cada vez más pintura, ese arte y ese oficio tan marginados en estos tiempos. Porque Rodríguez, un tenaz artesano a la hora de ejecutar sus cuadros, sabe que su vigencia depende no de coyunturales y, tantas veces, espurias connotaciones, sino de la excelencia de la concepción y ejecución impecables. Estas son las que finalmente sitúan a las obras en el siempre.

Tienen los cuadros de Rodríguez una inconfundible firma de estilo que se caracteriza por su resolución en imágenes de criaturas atrapadas en un mundo en que la realidad y su otredad se integran en espacios en los que los planos físicos se entrecruzan y se funden. El factor resultante es una iluminación, un entrevisto de esa zona límite en que los sueños y las vivencias y el deseo alcanzan sus máximos.

Esa pintura de lo extremo que es dominada por un silencio impenetrable, la construye Rodríguez, desde su singular y dominado sentido de la composición, con un dibujo minucioso y un trabajo lentísimo de aplicación de la pintura en busca de colores, transparencias, una particular especie de textura y una profundidad esencialmente matérica.

El depurado resultado de ese estilo de trabajo, producto de una búsqueda y, de nuevo, un trabajo incesante, se nutre de las mejores lecciones sobre la especificidad histórica de la pintura y las asimiladas lecciones de su historia, que bien conoce el pintor. La firma de estilo de Rodríguez prevalece en su nueva colección de obras «Ghost Archipelago» («Archipiélago fantasma») que presentará en Elite Fine Art, de Coral Gables.

Lo primera sorpresa de esta muestra la ofrece el tratamiento que ha hecho el pintor del lienzo. No hay en estos óleos la densidad característica de la producción del artista, por el contrario, si bien el tratamiento de la imagen es el característico del creador, su ejecución está presidida por la transparencia y por la enorme parquedad en el uso del material.

En «Archipiélago fantasma», Rodríguez hace profunda e inmediata gala de su dominio del dibujo, cuyo trazo se adivina en ciertas zonas de las piezas, y de su no menor dominio de la acuarela, del sugerente imperio de la transparencia en que no puede cometerse un error porque invalida la obra, para crear un evaporado universo en que las figuras y las cosas prevalecen hialinas en su gravitación.

Esta colección en que tanto la materia como la imagen se han llevado a sus esencias en busca de una expresividad distinta, da testimonio del rango pictórico del artista, que revela en cada obra su saber desde la parquedad, tan difícil de alcanzar con resultados satisfactorios. Aquí, pintando estos lienzos en que descubrimos el esqueleto del dibujo bajo la leve pero precisa y sabia capa de pintura, Rodríguez ha tenido que hacer un verdadero ejercicio de pintura pura, dejando espacio en blanco, como en la buena acuarela, integrando imágenes desde lo invisible, y abandonando la abundancia en el uso del óleo que con tanta excelencia trabaja.

Ejemplo definitivo de ese tratamiento, de esa aproximación al cuadro es «Ghost Archipelago #4». En este lienzo, esencialmente en la parte inferior izquierda, se revela la tela de la que surgirá el ojo enorme que como ojo y como ala reaparece con su estirpe románica en varias obras. El fragmento de playa con un solitario faro en el extremo opuesto está tratado con más densidad pero es igualmente penetrable, como el arco de medio punto que se pierde en los cielos en la parte superior izquierda del cuadro de figuras sumidas en su propia intensidad, aisladas en la totalidad por contiguas que estén.

Esa ala-ojo multiplicada, el avión hundido sobre el que reposa un cuerpo como crucificado, la embarcación, los símbolos aéreos, los mosaicos y los altos umbrales, las puertas, las figuras entre simbólicas y emblemáticas de la muerte, y las formas curvas que pueden encarnar la fijeza y el fin, así como los personajes de esta colección y su propio título hacen pensar de inmediato en la trágica realidad cubana actual.

Es una realidad llena de distancia, separación, dolor, muerte, recuerdos, sueños, pesadillas y deseos. Es una realidad en que presente y pasado se alzan tan reales como fantasmagóricos en la incógnita y la servidumbre del paso del tiempo y en la que los componentes de la condición humana alientan al extremo de su naturaleza y esencia tan proyectados hacia el todo como vueltos sobre sí mismos.

Rodríguez siempre ha mostrado una sensibilidad extraordinaria sobre la naturaleza y gravitación del exilio y ha patentizado siempre su plena identificación con ese exilio al que salió en 1971. Sin duda, esta nueva colección y su título aluden oblicuamente a ese exilio y a su tragedia. Es algo que va naturalmente con su concepción e imágenes.

Pero, desde el punto de vista estrictamente creativo —en que siempre surgen los significados esenciales que son parte del pensamiento y valores del creador— esta colección es esencialmente un ejercicio en que la creación se deja llevar estrictamente por la fuerza ingobernable del fluir del pensamiento en plena libertad. Un ejercicio de espontaneidad en que las fronteras de la lógica y la reflexión y la imaginación y el inconsciente se abren simultáneamente dando paso a todo lo que guardan.

Esa apertura y su expresión en «Archipiélago fantasma» son una ganancia en la obra de Rodríguez, un adentramiento —desde sus dominios— de nuevas posibilidades, una reafirmación de la carga, hondura y resonancia de la poesía que son esenciales, en su espontaneidad y latido permanente, a la verdadera pintura. Porque lo real y lo imaginado y lo latente de los archipiélagos fantasmas son parte del lenguaje de este brillante pintor que es Arturo Rodríguez.

BARUJ SALINAS Y EL DOMINIO DE LA LUZ

Son muchas las razones para regresar a los pocos lugares esenciales de una vida. Para el pintor cubano Baruj Salinas, la razón primordial para volver a Miami, al cabo de 18 años de residencia en Barcelona, fue la luz.

«Siempre me habían hablado de la luz española, de la luz mediterránea", dice el artista. «Pero esa luz no se puede comparar con la luz tropical. Es la luz de mi patria, y poco a poco se fue desvaneciendo en mi trabajo. Comprendí que la necesitaba y decidí ir a su encuentro, en Miami, lo más cerca posible de la isla».

Los que han seguido la carrera del pintor, un arquitecto graduado en Kent State University, Ohio, que abandonó esa profesión por la pintura, comprobaran al visitar su exposición en Fredric Snitzer Gallery, de Coral Gables, que la ausencia y la presencia de la luz son capitales para el artista. La luz domina la muestra.

«Llegué a pintar tan sólo con blanco y negro», dice Salinas. «Sin duda, me influyó la pintura catalana, que es sobria y oscura. Pero no se trataba de un cambio por el medio. La variación fue por la luz».

El color ha sido un elemento central en la obra de Salinas. Sus abstracciones se caracterizan por el rico empleo del color y por la luminosidad que establecen las combinaciones cromáticas. Son cuadros que oscilan entre la espontaneidad y un inteligente control del gesto. Dibujando con el color, el artista reinventa la luz que se corresponde a los paisajes de su memoria cubana.

«Salinas es un consumado colorista», dice el pintor Sergio García. «Maneja la paleta desde el prisma de la luz, extrayendo singulares efectos e imágenes. Es por eso que su pintura, especialmente la tocada por la luminosidad, alcanza una proyección meridiana».

El retorno de Salinas a la luz se produjo paulatinamente. El artista, frecuente viajero entre Miami y México, donde reside su hermano Isaac, un distinguido cantante operático, fue calándose de la luminosidad de esos paisajes y, poco a poco, su paleta varió, volviendo a su lenguaje esencial.

«Hacía tiempo que necesitaba un cambio en mi vida y en mi obra», manifiesta el pintor. «Me sentía constreñido en Barcelona por el retorno del catalanismo, y por no haber aprendido nunca a hablar perfectamente el catalán. Por otra parte, el gobierno catalán apoya decididamente a sus artistas y eso crea conflictos con los intelectuales y creadores no catalanes».

Pero Salinas no cortará sus vínculos con la ciudad en que residió 18 años, realizó un importante cuerpo de obra y desarrolló una considerable labor en la gráfica.

«En Cataluña tengo un taller de grabado que no quiero abandonar», dice el artista. «El grabado es un puntal de mi obra y trabajo con un excelente maestro de la gráfica, el japonés Yamamoto. Me satisface mucho esa labor en la que he podido incorporar, en libros de arte, a autores como el francés Michel Butor».

Entre esas obras figura el libro *Sefarad 500 Años,* el único volumen publicado en España para conmemorar la expulsión de los judíos, en 1492. Salinas realizó tres grabados para la edición.

Al igual que la obra de Salinas ha entrado de nuevo en la riqueza del color, se ha volcado en la temática cubana. No lo hace explícitamente, pero en las abstracciones del artista, que actualmente se encuentra en Ciudad de México, donde inauguró una muestra personal en Galerías Pemex, la presencia de Cuba es manifiesta.

«Toda esta obra reciente es producto de una enorme nostalgia por Cuba», explica el expositor. «Eso me ha hecho volcarme sobre lo cubano. Muy especialmente sobre la palma, la hoja de la palma. Encuentro que esta imagen tiene un enorme poder representativo y evocador. A pesar de ser un pintor abstracto, esas palmas son perfectamente reconocibles en los cuadros».

El símbolo vegetal cubano es manejado por Salinas con su característica soltura. Estas nuevas imágenes tienen para el pintor tanto de expresión estética como de comentario político.

«Para un creador es difícil decir lo que sucede en Cuba», manifiesta Salinas. «Un pintor sólo lo puede hacer con su arte. Es mi caso. Esa es la esencia de mi serie Palma triste».

El artista, que expone en Miami por vez primera en 10 años, estima que se encuentra en estos momentos en un período de transición. Considera compartir su tiempo entre nuestra comunidad y Ciudad de México, donde explica que hay un movimiento muy interesante en la plástica.

«Creo que este cambio de horizontes es positivo a mi obra», señala el pintor. «Esta situación me resulta más satisfactoria al descubrir un real cambio cualitativo en la escena artística de Miami».

Salinas, que fue uno de los artistas más activos y destacados de la comunidad a finales de los años 60 y en los 70, y que es un buen conocedor de la obra de los creadores cubanos, manifiesta su asombro ante una serie de hechos en el mundo de la pintura.

«Los cubanos que vienen de la Isla tienen buen oficio. Los he visto en México, donde hay una colonia de artistas plásticos», dice el creador. «Por supuesto, que toda su obra está matizada por la política, pero creo que al estar fuera de Cuba se abrirán y serán más universales. En cuanto a los artistas residentes en Miami, como Soriano y Mijares, siguen haciendo su obra. Entre todos daremos nombre al país. Estamos sonando internacionalmente».

La obra de Salinas, desde su reencuentro con la luz, es parte de esa resonancia.

EMILIO SÁNCHEZ:
LA PINTURA DE LA REALIDAD Y DEL SUEÑO

La pintura tiene tanto de entrega y evidencia como de ocultamiento. Es, a partir de una imagen, una reflexión sobre un tema, deliberada o no, y, también, es una suerte de perfil, de autorretrato del artista que la realizó. No siempre lo dilatado de ese espectro se valora. La misma obra –como algo aislado en los grados de su fascinación, rechazo o indiferencia– puede impedirlo. E, igualmente, puede conspirar contra esa inteligencia el desconocimiento o desdibujo de la vida del creador. Esas fuerzas encontradas son parte última de la evidencia y otredad del cuadro. De su provocación y trascendencia.

Elite Fine Arts, de Coral Gables, está presentando una nueva exposición, la primera póstuma del pintor cubano Emilio Sánchez, en que todo lo anterior se cumple. Al hacerlo, la obra asume una doble valencia. Es, en su fijeza, catalizador de imágenes que se desarrollan sobre lo plasmado en el lienzo y otras, tan posibles imágenes, que de alguna manera están latentes y van formulando una narrativa sobre la historia que cuenta un paisaje, una casa, unos colores, las luces y las sombras. Un espacio, un mundo encantado.

Sánchez, nacido en Camagüey, en 1921, en el seno de una acaudalada familia, pasó la mayor parte de su vida en Estados Unidos. En 1944, se estableció de modo permanente en Nueva York y estudió en Art Students League. El resto de su vida es la historia de un viajero constante y de un pintor tenaz que fue un caballero tan amable como cortés y discreto. La muerte lo sorprendió, a los 78 años, en las afuera de Nueva York, el 7 de julio de 1999, cuando celebraba en su casa de recreo una exitosa carrera de 50 años en el mundo del arte. Su copiosa obra figura en numerosas colecciones públicas y privadas de Estados Unidos y el extranjero y en los más importantes museos de la nación.

La muestra póstuma de Sánchez se concentra en la temática por la que más se le conoce, sus «casas». Esas casas, que son un verdadero deslumbramiento visual, no limitaron la proyección de su quehacer, aunque son su signo de identidad mayor. También pintó flores, naturalezas muertas, paisajes, retratos, representaciones de la figura humana y ciudades. Era un artista que, más allá de su éxito y su posición desahogada, necesitaba pintar constantemente, como búsqueda y encuentro, como urgencia y como ritual lúdico. Así, no desperdiciaba una superficie en que pudiese hacerlo. Vi en su estudio neoyorquino numerosas pinturas y dibujos en los más insólitos pedazos de papel y cartón.

Los catorce lienzos de gran formato de la muestra son exponente de primer rango de esta faceta arquitectónica de Sánchez. Sus antecedentes primeros se remontan a los años 50, cuando comienza a pintar sus «casitas», como las llamaba. Estas eran recuerdos de Cuba y de todo el Caribe donde esas edificaciones proliferaban y ejercían una fascinación constante sobre el pintor.

En los cuadros de Sánchez, en las obras inscritas en esta temática, se evidencia la importancia que daba el creador a varios factores que se armonizaba espléndidamente en la obra terminada. Uno de ellos es el dibujo, subrayado por el tratamiento exquisito del detalle en las complejas superficies y planos de sus casas. Otro elemento, y central en esta producción, es el uso de las luces y las sombras, que en su quehacer son como el latido que humaniza, como al paso del tiempo, la casa, el entorno que fija el pintor. Muchas de esas casas han sido plasmadas casi bajo la luz cenital, una luz cegadora. Sin embargo, Sánchez aprovecha su incidencia en las superficies para, de mano maestra, exaltar el conjunto y el detalle significativo, como si aislase la casa en un espacio mágico destinado a la contemplación, donde la sombra es un sueño. A esos factores, se agrega el uso del color. Es un uso exuberante pero apegado a la realidad. Lleva a sus máximos los datos del paisaje. Se utiliza como constante descubrimiento y confirmación de la imagen. También es un elemento jubilar, el *más* sobre la realidad que forma parte de esta obra.

La pintura de Sánchez, sus casas, se aceptan de inmediato. Por su belleza, por su aspecto y entorno −un entorno que es casi siempre desdibujo−, por el detalle, la riqueza del color y los juegos de la luz y de la sombra. Por la impronta paradisíaca en que se alzan. Puede ser considerada una pintura decorativa, y de hecho lo es, pero va mucho más allá de lo estrictamente decorativo. Veremos en esta obra en que lo físico de la casa es dominante, que en los cuadros de Sánchez hay una virtual ausencia de la persona. Si aparece es en las sombras, como imagen en evaporación. Es como si huyera de la luz tremenda a los más densos planos de sombra de los interiores. De esta suerte, esta obra es una obra de intimidad. Una intimidad de estirpe realista, pero también una intimidad de estirpe onírica. Es la soledad y la plenitud del sueño. La confluencia de sus opuestos.

En esa confluencia, desde la edificación magnífica hasta la más humilde morada —y reacuérdese que muchas de estas casas no son producto de unos apuntes ni unas fotografías, sino de combinaciones de ideas y elementos— son exponentes de una elaborada nostalgia. La nostalgia por Cuba. Pero esa nostalgia nunca descendió en la obra de Sánchez al sentimentalismo ni al lugar común. Por el contrario, tomó de las vertientes de la realidad el elemento unificador, la casa —que es tanto presencia como ausencia— y lo llevó a sus máximos de posibilidad y belleza.

Esa belleza entrañable, ese recuerdo, esa nostalgia y esa ficción cristalizaron en esta obra espléndida en que, ya lo dije una vez, el mundo es más habitable. Es tanto la pintura de la realidad y del sueño. Su poesía.

TOMÁS SÁNCHEZ ENTRE LA BELLEZA Y EL HORROR

Presentar una colección de obras realizadas a lo largo de 16 años puede ser muchas cosas. Entre ellas, un riesgo. Tantos años de andadura son capaces de revelar, además de una evolución, desniveles. También es un acto de seguridad en lo hecho.

La colección de obras en papel que presenta el artista cubano Tomás Sánchez en Jorge M. Sorí Fine Art, de Coral Gables, desconoce esos riesgos.

Es evidente que el reservado pintor, uno de los más cotizados de la plástica cubana y uno cuya obra se ha visto sujeta a numerosas polémicas, ignora los peligros de esa aventura y sale airoso.

Sus cuadros en papel patentizan su indiscutible oficio. Este nada tiene que ver con la aproximación figurativa, ni la abstracta, ni la conceptual. Es pura y llanamente oficio.

Sánchez es un pintor con un talento natural y una academia perfectamente asimilada, que da solidez a su trabajo. Es, igualmente, un artista dominado por una fijeza temática.

Suyos son dos mundos: el paisaje y los basureros. Al examinar estos cuadros, casi podría afirmarse que todos coinciden en un espacio que se inmoviliza en un instante del tiempo.

En cierta medida, sus cuadros –ya sean paisajes, ya sean basureros– no necesitan título. Es como si respondieran a la obsesión de captar algo que debe perdurar y está amenazado por la destrucción, o quisieran ilustrar las consecuencias de esa destrucción.

Su capacidad para plasmar el detalle se complace en la vegetación, en los cielos, en los macizos de vegetación, en la inmovilidad de las aguas.

Un ejemplo, entre los tantos, de esos signos, es su cuadro «Paisaje con nubes», en que las aguas que forman un laberinto entre la tierra son contrapunto de un cielo lleno de nubes que podría ser un espejo.

Ese detallismo también domina sus basureros. De igual manera, éstos son contemplados desde el detalle de los objetos hacia un espacio inmenso que puede ser invadido por esa misma basura.

Podría pensarse que Sánchez es un hiperrealista –y sin lugar a dudas tiene la capacidad para serlo–, pero su pintura dista mucho de esa manera de presentar la realidad.

Para muchos, la obra de este artista tiene una frialdad que es propia de una concepción palmaria del hiperrealismo. No cabe duda que la factura de sus obras sugiere frialdad.

Esa frialdad es producto del minucioso tratamiento de su pincelada, que busca desde el detalle plasmar una fijeza atemporal. En ésto se detecta un mensaje subliminal. Esta pintura plantea un mensaje conservacionista. El paisaje patentiza lo que debe salvarse; los basureros, lo que se perdió.

Entre esos dos puntos críticos, surge otra interrogación que recae fundamentalmente sobre el paisaje. Muchos, por ser cubano el artista, piensan que sus paisajes deben ser «cubanos». Quizás dentro de la prestigiosa tradición paisajística de un Menocal y los Ramos.

Hay, entre los que sostienen ese punto de vista, quienes consideran que los paisajes del artista no son cubanos. Por otra parte, hay quienes sostienen que esos paisajes llenos de inmensidad sí se identifican con Cuba.

Ni un juicio ni otro invalidan su calidad, Y quizás no existe una respuesta en cuanto a la identidad. Sería más adecuado considerar que ese tipo de obra es una reelaboración o idealización del paisaje cubano, que se nutre de una idea arquetípica del paisaje, derivada de las imágenes universales del paisajismo.

Lo que es indudable en esta obra es que está dominada, hasta en la negación que representan los basureros, de voluntad de belleza. Una voluntad de belleza que tiene casi un sentido religioso.

Tiene esta pintura otra característica fundamental. Se inscribe en una tradición de oficio y de amor al acto de pintar. En esto, Sánchez se diferencia mucho de parte de sus colegas también formados en Cuba.

Es decir, asume desde una capacidad formal, una senda que se adentra en el tiempo y que se enriquece con nuevas variantes. Obra que, se acepte o no, no se deja influir por modas, agendas y facilismo, tantas veces producto de la falta de talento y la mediocridad.

Esta es una pintura que a partir del deslumbramiento inicial y al cabo de la apreciación crítica se sostiene firmemente en sí misma y se consolida.

Su andadura está entre la belleza del paisaje y el horror de los basureros que son negación de la belleza, pero que el pintor sabe calar de una extraña belleza.

En una palabra, pintura.

RAFAEL SORIANO: LA GRAN PINTURA

Pongamos una tarea bien difícil, rozando con la imposibilidad. Es escribir una lista en que figuren diez nombres fundamentales de la pintura cubana. En una plástica en que la diversidad, las calidades, la riqueza, la trascendencia y la maestría sobrepasan natural y copiosamente, en el espectro del paso del tiempo, ese breve número, más allá de las preferencias personales, siempre se corre el riesgo de la injusticia y la arbitrariedad.

Esa injusticia y esa arbitrariedad proliferan nefastamente en estos momentos en influyentes zonas del arte. Un espacio en que los factores económicos y políticos tienen un peso demoledor. Un tiempo en que la creación pierde en muchos casos su esencia y sentido para dar paso a expresiones protagónicas que nada tienen que ver con la estética y la fijeza de los valores que la rigen. Valores que más allá de la especificidad que impone lo temporal; la individualidad de la propuesta del discurso; la gravitación de la tradición y los signos propios de identidad a partir del entorno −que debe ser umbral de universalidad−; la ruptura y la búsqueda; el oficio depurado y la constancia y el sentido autocrítico del creador esencial, se ignoran. Un desconocimiento en cuya materialización mucho influyen la mediocridad, la servil y fácil imitación y, no menos, la total ausencia del latido de la poesía que alienta en el gran arte.

En esa lista poco menos que imposible de nombres fundamentales de la pintura cubana, no vacilaría en incluir, como personalidad definitiva en todos los órdenes −y con esto quiero decir, más allá de la pintura en y por sí misma, la cubanía, la modestia, la cordialidad, la decencia y la honestidad creativa e intelectual− al maestro Rafael Soriano. Representa, y no es la primera vez que lo afirmo, todos los valores y la posibilidad de nuestra plástica. Y es, desde sus centros, figura de primer rango entre los grandes de la plástica latinoamericana.

¿Qué determina la grandeza y trascendencia de la obra de Soriano? La primera y fácil respuesta es su belleza y la brillantez de su ejecución. Esa respuesta es válida y permanente para toda la obra del maestro. Pero ante la totalidad de esa obra constante y ascendente que ha alcanzado la plenitud, desde sus inicios magníficos y a través de sus desarrollos y evolución, en el transcurso de varias décadas, es preciso ir más allá de la especificidad y planteamientos del artista en cada etapa. Hay que adentrarse en las imágenes y hallar las constantes que persisten en ellas y que el pintor depura, aunque esto parezca imposible a estas alturas, de manera incesante.

Soriano, graduado en la Academia de San Alejandro, en 1943, y profesor y director de la Escuela de Bellas Artes de Matanzas, comienza su carrera profesional con una pintura apegada al canon académico. Su dominio de esa expresión lo inscribe en la nómina de la pintura tradicional cubana. Esa pintura académica que, afianzada en la gran tradición europea, establecería la fundamentación de la imagen cubana. Una ganancia que serviría como punto referencial determinante para, desde el afán de ruptura y cambio hacia la contemporaneidad, alentar el trascendental cambio renovador que experimenta, a partir de finales de la segunda década del pasado siglo, la pintura cubana. De esa etapa académica, en que pintaría al latido de su momento, Soriano pasaría a la abstracción geométrica en los años 50.

En su nuevo horizonte creativo, en la exactitud y rigor de la abstracción geométrica, el maestro conservaría celosamente algo que es parte esencial de su quehacer y es inseparable de su formación académica. Es su pasión por el dibujo, su entrega a sus exigencias, su certidumbre de que sin dibujo no hay pintura. A sus cualidades de dibujante excepcional, suma el artista su dominio de la composición. Ese dominio otorga a sus piezas un equilibrio, una concentración y una vibración mayores. En la abstracción geométrica esto resulta esencial para alcanzar la eficacia expresiva.

Al salir al exilio, el maestro Soriano pasa de lo geométrico a la más depurada abstracción. En ese tránsito prevalece igualmente, y cobra relevancia definitiva, su dominio del color, por gravedad más evidente en su momento de pintura académica, que implica, a diferencia del la abstracción geométrica, matices, degradaciones, confluencias y fusiones en pos de la profundidad y la expresividad. El uso del color como resumen del latido de la imagen. Así, el oficio adquirido en los claustros de San Alejandro se convertiría en la expresión abstracta pura de Soriano en suprema e imprescindible concreción. Su pincelada se evapora en pos de la magia de una imagen en que fijeza y tránsito vertiginoso se cumplen simultáneamente; su manejo de las transparencias adquiere una función comunicativa en que la riqueza del color adquiere la calidad de lo onírico, de lo estelar, de las profundidades que imaginamos a la realidad.

Así, armoniosamente, sus cuadros alcanzan la insólita condición de ser tanto imagen que está dominada por el cambio constante a cada golpe de mirada, como constituyen encarnación de un universo en que magia y posibilidad y belleza y enigma se funden con tanta inocencia como fantasía. En los anales de la plástica cubana y latinoamericana es prácticamente imposible hallar una pintura que tenga la espiritualidad que posee la obra de Soriano. De esta suerte, sus piezas son el latido de una intimidad que participa de lo estelar, que se identifica con las fuerzas de lo genésico, que son otredad de lo que quizás podamos ver, quizás veamos y que, siempre, son la trascendencia esencial a una naturaleza perdida que rescata y reivindica el maestro Soriano.

Tiene la pintura de Soriano un signo de identidad fundamental desde sus anclajes. Es el sentido de la luz y el dominio de sus calidades y posibilidades. La luz es para Soriano, más allá de cualquier tipo de inteligencia, fuerza esencial de la existencia. La domina de forma suprema como expresión del latido del instante y del siempre, de la certidumbre y del enigma, de la presencia y de la ausencia, de la plenitud y el deseo y el encuentro y el sueño. Es clave de evaporación y permanencia.

En las magias de la abstracción de Soriano, desde cuándo en los máximos de su grandeza como artista, en estos tiempos, con suprema delicadeza, el dibujo encarna con más evidencia en su pintura. Es la fuerza de su siempre que subraya como en un sueño el maestro. Es un *más* interminable. Es el latido de un cambio y la reafirmación de lo que es la pintura.

Pinta Soriano en la noche, siempre con la compañía de Milagros. Esa es su vida. Se hace incesante la gran pintura. Su belleza, su poesía.

II. RAFAEL SORIANO A SOLAS CON LA LUZ

En la honda noche
el viejo maestro piensa en la luz
que atesora copiosa su memoria
para aliviar la pisada en el corazón
de las distancias insalvables del destierro.

Es la luz íntima, inmensa,
la luz entrañable
del único sitio en que quiere estar.
La luz que siempre ha pintado

*más allá de las imágenes
del lienzo y del papel.*

*Es la luz como un milagro
desde su propio incesante milagro.
La luz deslumbrante
en cuyo latido
las formas
son lujosos colores
que traducen unánimes la belleza
en encuentro y posibilidad,
en diáfana calma
hasta en el espejismo
de sus torbellinos.*

*Piensa el viejo maestro
en la otredad de la luz,
en los núcleos de su reverso,
en su horizonte de espejo,
en sus transformaciones caleidoscópicas,
en los dones de su permanencia
y las mareas de su fugacidad.*

*Piensa en todo
lo que sucumbió a golpe de tiniebla
por las violencias de la historia.
Ya el vedado paisaje
de su arrebatado siempre
es casi pura luz,
cada vez más real en su desnudez,
en su despojamiento,
como final cicatriz, incesante deseo
y pendiente milagro.*

*Cada vez falta más
el viejo maestro en su luz original,
cada vez está más en ella
haciendo que sea la imagen
y la metáfora de lo inmenso,
ya que no puede ser*

*la gracia del paisaje encantado
que caló el corazón
como un sello sacramental.*

*Ya es bien tarde,
ha sucedido demasiado
y demasiada vida se ha volcado
noche tras noche en pos de la luz.*

*En la cerrada oscuridad,
el viejo maestro
pinta la luz misma del principio
y prevalece todo lo que falta
con su belleza,
con su poesía,
con su inocencia
y las aguas de una inmensa y distante bahía
sobre las que desciende el paraíso
reflejan el universo.*

*Otra vez la luz y el viejo maestro
fraguan el prodigio.*

TRES ARTISTAS, TRES MEDIOS
(Agustín Cárdenas y Mario Carreño)

Uno de los aspectos más singulares de la plástica cubana del recién terminado siglo –décadas en que esa creación define su discurso abierto, sus signos de identidad y su proyección– es como esa plástica ha dado, desde la riqueza de su diversidad, una nómina fundamental de creadores, verdaderos maestros, que son parte integral de la grandeza del arte latinoamericano y son acreedores de un incuestionable espacio en el mundo internacional del arte.

En ese desarrollo, los creadores cubanos han tenido que superar muchas circunstancias adversas. La más extensa y vigente, la gravitación del totalitarismo castrista que, desde su toma del poder en la Isla, ha controlado con mano de hierro todos los aspectos de la creación. Los artistas que no se han plegado a los dictados de los policías de la cultura oficial, han sido sumidos, en el mejor de los casos, en la condición de no personas.

A pesar de la manipulación por parte del régimen de La Habana de la producción artística en función de sus fines propagandísticos, la creación cubana ha alcanzado en fechas más recientes un reconocimiento internacional verdaderamente inesperado, aunque merecido. Donde verdaderamente se patentiza ese reconocimiento es en el marco de la libertad y en el mercado, al que tiene que acudir en busca de fondos y visibilidad el castrismo. Así, la creciente apreciación de la obra de los artistas de la Isla, que trasciende aunque no excluye a los más jóvenes, ha convertido en verdaderas personalidades protagónicas del arte a muchos creadores que permanecieron por décadas en injustos planos de sombra.

Entre esos creadores se cuentan el escultor Agustín Cárdenas –junto con Wifredo Lam la otra figura que alcanzó un rango internacional de apreciación y demanda desde sus cuarteles parisinos– y el recién fallecido pintor Mario Carreño. Ahora, Gary Nader Fine Art, de Coral Gables, une a esos dos maestros junto a una joven fotógrafo dominicana, Clara Martínez-Thedy, en su actual exposición, «Tres artistas, tres medios».

Cárdenas –un matancero nacido en 1927 que se forma en la Academia de San Alejandro, tiene su primera muestra personal en La

Habana, en 1953, y se instala en París en 1955– es tanto un nombre célebre en el arte europeo de posguerra, en la nómina de la creación latinoamericana y en la plástica cubana. Con frecuencia esas zonas de identidad se han difuminado por la gravitación de la crítica y la inteligencia de los espacios culturales.

Verdadero artífice en su trabajo con la madera, el bronce y el mármol, Cárdenas se inserta legítimamente en esas dimensiones en las que tiene una gravitación esencial el surrealismo. Su arte es el de un poeta sensibilizado por la fascinación de la forma, el prodigio combinatorio de la naturaleza, su capacidad de metamorfosis, su multiplicante belleza, el movimiento y la fijeza, y una estilización tan singular como rotunda del latido de la voluptuosidad.

Junto a su capacidad de asunción de una rica experiencia multicultural, este gran escultor hace de su creación cuerpo y punto de convergencia de todos los núcleos de la magia, la belleza, la plenitud y, de nuevo, la poesía que es firma de estilo de esta colección de obras de varias épocas.

Mario Carreño, nacido en La Habana en 1913 y fallecido en Santiago de Chile en 1999, es al igual que Cárdenas un verdadero artífice de la ejecución y el trabajo con los medios. Figura fundamental de la primera generación modernista cubana, el pintor llevó con exquisitez suma a su obra –verdadera firma de estilo de la sensibilidad y lo esencial del cambiante discurso plástico del siglo– una rica temática.

Va el maestro a ese acercamiento a la realidad para dar paso a la imaginación, desde una jubilosa recreación de lo cubano y lo caribeño, hasta la deslumbrante tensión de una obra de temática social. Y en ese espacio, motivo y tema en sí mismo, su geometrismo luminoso del que pasará a una figuración de lo orgánico. No hay en el arte latinoamericano figura con tan variado espectro expresivo como Carreño. Su delicadeza y su fuerza quedan como paradigma para las futuras generaciones de creadores. Pero lo que verdaderamente se hace más evidente cada día que pasa, es algo que tiende a desdeñarse. Es el amor de Carreño por la pintura misma en la más pura tradición clásica. Esto es su otra gran forma de grandeza.

Tiene una extraordinaria suerte la fotógrafo dominicana Clara Martínez-Thedy de figurar en esta muestra junto a grandes con su colección «Cuerpos y formas». La artista comenzó a exponer individualmente en su país en 1987 y, desde ese entonces, ha dado a conocer su obra en Estados Unidos, Cuba, Argentina, Alemania, Francia y España y ganado diversos premios.

Las fotografías de Martínez-Thedy se caracterizan por su afán de perfección técnica, su manejo de la luz y la parquedad de elementos. Es evidente en esta colección el propósito de la fotógrafo de hacer de la combinación de la figura humana con las flores una declaración de armonía y posibilidad.

Son tres artistas y tres medios en Coral Gables.

ANDRÉS VALERIO:
EL OFICIO, EL LENGUAJE UNIVERSAL

En el panorama de la plástica actual se nos da mucho gato por liebre. Pero, además, esa obra que no es arte hacia su siempre, viene respaldada por opiniones críticas y poderosos mecanismos de comercialización. Ahí comienza la confusión, el error. No quiere decir esto que la creación tiene un punto ideal de inmovilismo, de fijeza. Precisamente es el cambio, la propuesta renovadora, lo que sustenta los valores permanentes de la creación. Pero para que lo que establece el cambio, lo que enriquece a la obra y le otorga plena vigencia y validez sea posible, hay algo que no puede pasarse por alto ni negarse. Es el oficio. A partir de su dominio y profundización, haga lo que haga con plena libertad e imaginación, el artista cifra la definición estricta de lo que constituye el caudal de las artes visuales, de su *más*.

Entre los artistas cubanos actuales, Andrés Valerio ha producido una obra en que el oficio es central y, por serlo, enriquece el todo de sus imágenes. Cifra sus valores. Con su característico dominio de ese oficio, la técnica y los materiales, el pintor está presentando una muestra de su reciente producción en Domingo Padrón Art Gallery, de Coral Gables. La exposición está integrada por cinco cuadros y 20 dibujos con su firma de estilo.

Valerio nació en La Habana, en 1934, y se graduó en la Academia de Bellas Artes de San Alejandro. En 1980, llegó a Estados Unidos durante el éxodo del Mariel, un hecho que con la numerosa presencia de creadores de todo género contribuyó al enriquecimiento artístico y cultural del exilio. Ha expuesto en su país, Estados Unidos, República Dominicana, Venezuela, Panamá, Holanda, Alemania, México, Chile, Israel y España. Entre los premios y reconocimientos que ha obtenido se cuentan la Beca Cintas, y los primeros lugares en State of Florida Art Grant y First International Biennial of Painting, Miami. Sus obras figuran en colecciones privadas y públicas como las de International Institution of Education, Nueva York; Museo Nacional de Bellas Artes, La Habana; Cuban Museum of Art and Culture, Miami; y Gallery Huntington, Texas.

La colección de obras recientes de Valerio es un nuevo exponente de la capacidad de este artista para armonizar imaginación y oficio. Esa simbiosis se cumple en la densa elaboración de los cuadros y en la destilación de sus dibujos. En los primeros, el color es manejado de forma intensa y copiosa. Es subrayado, en la precisa composición, de un dibujo depurado que se complace en la forma. En los dibujos, el artista entrega unas piezas evaporadas cuya fuerza radica en la parquedad que funciona como sugerencia.

Hay misterio en esta obra. También el establecimiento de un espacio en que la realidad y la fantasía cumplen una confluencia. Así, enfrentamos una visión del mundo en que el pintor crea un movimiento pendular entre el recuerdo idealizado y la reinvención de lo evidente. Los personajes de ese universo mágico son caballos, solemnes señores, figuras femeninas en toda la posibilidad de su presencia, personajes circenses. La realidad de estos personajes, a los que el pintor inviste evidentemente de una calidad simbólica, tiene mucho de mágica. Son encarnación de lo posible cuando su posibilidad se aísla como absoluto. Cuando deviene materia de la imaginación que, sin embargo, reivindica la fuerza de su gravitación.

En estas piezas coexisten dos impulsos básicos. Uno es de estirpe surrealista. Un surrealismo que se decanta en precipitado expresionista. Ese encuentro se cumple de manera armoniosa. La posibilidad testimonial de esta obra también va más allá de su primera impronta. Valerio no impone un mundo, simplemente entrega el paisaje y el detalle de ese universo insólito en imágenes cuya veracidad tiene un anclaje en la inocencia. Una inocencia tan pendiente como perdida. Una inocencia que acaso sólo es posible en el espacio del lienzo y el papel.

A estas alturas, al enfrentar una obra de la calidad y madurez de este artista, es importante, para su mayor disfrute e inteligencia, precisar la concepción, la filosofía del pintor. Así, el expositor manifiesta: «Yo soy pintor, no digo si bueno o si malo. Trato de no ser un pintor localista, pues creo en el lenguaje universal. Hoy por hoy, pienso que la libertad es el factor más importante del buen arte. En mi caso, dejé atrás las proporciones, los colores locales y los lugares comunes».

Esas ideas las complementa Valerio afirmando que le gusta una buena técnica y que disfruta de la fuerza y la riqueza de la imaginación, ya sin creer en ningún estilo y sí en la suma de todos los estilos. Así, su obra actual, estos cuadros y dibujos, constituyen la definición de un quehacer singular. Es la suya una obra que desde el consumado oficio –siempre el oficio– ha precisado el signo de la calidad que es consubstancial a la pintura.

LUIS VEGA: EL PAISAJE DEL PAISAJE

Creo que esto le sucede a cualquiera que ve un cuadro del pintor cubano Luis Vega. Quiere, simultáneamente, adentrarse en la totalidad de la imagen, a la vez que precisar cada minucioso detalle de esa imagen. La razón es obvia. Tanto lo uno como lo otro tienen un rango mayor y destilan una enorme fuerza que, de manera singular, se nutre de su silenciosa serenidad, su sobrenatural naturaleza y de una belleza en que alienta lo evidente y lo deseable.

El artista, nacido en La Habana, en 1944, formado en la Academia de San Alejandro y en Historia del Arte en la universidad de la capital cubana, es un creador que, desde el inicio de su carrera, destaca tanto por su fidelidad a la temática paisajística, como por su capacidad de plasmarla en la esfera de sus máximos.

La nueva exposición que presenta el pintor en Elite Fine Art, de Coral Gables, constituye un cabal exponente del personalísimo rumbo que ha dado a su arte y sus significados, y de un casi inconcebible refinamiento de su capacidad de ejecución.

Vega es un depurado pintor realista con un mágico dominio de las posibilidades del detalle que integra en lujosa totalidad. En el marco de la plástica cubana actual, tan estremecida por propuestas estéticas, muchas veces antagónicas y tantas deplorables, el expositor ha alcanzado, sin que ello conlleve una serialización temática calada de inmovilismo, la expresiva seguridad de una imagen propia que identifica a los creadores en posesión de una firma de estilo.

El paisaje es el universo de Vega. Más precisamente, el paisaje cubano. En este sentido, su trabajo se inscribe en una tendencia con un real peso específico en la actual creación de los artistas cubanos. Esta puede ser producto de varios factores. Los esenciales, desde las inapresables sutilezas inherentes al impulso creativo motivador, son la preservación de la comprometida imagen del fascinante paisaje nacional, la posibilidad de realizar una obra ajena a los dictados de una política estético-cultural impuesta sin fisuras por el régimen totalitario imperante en la Isla y, también, es el caso del expositor, un afán totalizador de mantener el espíritu e imagen de la vertiente paisajística nacional y, a su vez, dotarla de unas nuevas posibilidades expresivas.

Este último factor determina que los cuadros, la pintura que en final instancia es pintura que plasma incesante el artista, sea proliferante imagen de una realidad que, por encima de cualquier tipo de circunstancia, eterniza la memoria y proyecta más allá de sus marcos referenciales, la fuerza genésica de la imaginación impulsada por el deseo.

No existen en Cuba los paisajes que pinta Vega. No pueden ser otros los paisajes cubanos si no son los que nos entrega esta pintura de soberbios lujos visuales. Así, para darle su verdadera impronta a la imagen constitutiva del patrimonio visual cubano en su vigencia y posibilidad, el artista reorganiza los elementos de ese paisaje, dándoles un latido que determina que la nueva imagen no sólo sea armoniosa continuación de la imagen arquetípica de ese paisaje, sino también nuevo territorio de sus significados.

De esta suerte, la obra del creador se sustenta tanto en la fidelidad a los datos de la realidad, como en sus transformaciones ideales. Hace que realidad e imaginación coincidan sin que se produzca una ínfima contradicción. La raíz de esa otredad parte del hecho de que Vega ha tomado en toda su integridad un universo y, desde la distancia de su exilio –un exilio que con su tragedia todo lo decanta y fija en su esencialidad–, lo ha liberado de sus fronteras para que acceda a la plenitud de una nueva dimensión que se ahonda en la imagen definitiva del espejo negro que hizo inmensa la pinacoteca de los grandes maestros.

El artista ha ceñido su filosofía de la creación afirmando: «Para mí pintar es una reafirmación de mis raíces, pero no de una manera nostálgica sino, por el contrario, intento reflejar la fuerza y la vitalidad que representa nuestra nacionalidad, por medio de una naturaleza desafiante que se rebela a un espacio opresivo buscando aires de libertad».

Hay una idea en esa declaración que quiero subrayar. Es la conciencia que tiene el creador de que su arte no puede subordinarse a los presupuestos de lo político, sino que tiene que ser estrictamente arte. En buen romance. Nada de pintura de circunstancia ni de compromiso. Ambas, casi sin excepción, son desastres de la plástica latinoamericana que, en la mayoría de los casos, únicamente han servido de refugio e inversión a los mediocres y la canalla. Sólo late y vale la obra que, desde su única y estricta esencia creativa, conlleve la fundamental idea de la libertad desde su misma libertad.

Las imágenes de Vega, tan a ras de mundo, en ocasiones incluyen en su impronta una singular dualidad. Desde el paisaje central, en su dominio, se genera otro paisaje alzado a los cielos. En este insólito desprendimiento que, singularmente, no rompe la integridad del todo, el artista plasma una serie de elementos del conjunto que fundan otro paisaje sobrenatural. Esta nueva encarnación es una metáfora que exalta la fijeza de la realidad. Lo hace planteando la eternidad de esa espléndida realidad y la posibilidad de su rescate de los abismos de la historia. En ese orden, el rescate que conlleva el desprendimiento radica en la misma superación de su figuración.

Ejemplo de ese tratamiento es el cuadro «Coronación», en el que un exuberante paisaje montañoso que se recorta contra el mar, es atravesado por la placidez de una serena formación nubosa en que crecen las palmas. Ese tratamiento pleno de armoniosa fantasía se repite de manera obvia en el lienzo «Exilio», que muestra un macizo montañoso sobre el que flota una nube con la forma de la isla de Cuba cuajada de palmas. Esa concepción de estirpe surrealista se prolonga en «Al partir», una marina en cuyo centro hay un bote que enfila el horizonte del atardecer llevando tres palmas.

La presencia humana está ausente de los cuadros de Vega. Sin embargo, alienta definitiva en las embarcaciones abandonadas en la costa o flotando en lo hondo, como vemos en «El Nido» y «Puerto Esperanza», respectivamente. Esa ausencia otorga a estos cuadros un enigmático dramatismo. Porque, suficientes e inmensos en sí mismos, la concepción de los espléndidos paisajes del pintor, declara la maravilla de un espacio que prodiga sus iluminaciones para que en su seno se multipliquen los privilegios y derechos del estar.

El refinado dibujo, el magnífico equilibrio de las composiciones y la exacta suntuosidad del color son la razón del máximo y entrañable carácter de estos soberbios y hermosos cuadros. Con ellos, Vega nos entrega, en toda su grandeza, el paisaje del paisaje.

ROBERTO WEISS:
LA BELLEZA HACIA EL SIEMPRE DEL ESPÍRITU

Tiene la pintura de Roberto Weiss un ritmo de precisión de mareas. Este ha llegado a su apogeo tras una armoniosa evolución. En ese desarrollo han sido fundamentales dos áreas de vivencias del artista. Son las que están centradas en su fe y religiosidad y las que tienen como piedra miliar, desde la celebración de la criatura y la naturaleza, su inteligencia y fascinación con la deslumbrante obra de Cézanne, como absoluto de posibilidades; con el universo de Redon, cuajado de imaginación e increíble acercamiento a la representación de la experiencia religiosa; y con la estilizada e intensa visión de la criatura y el mundo desgarrados de Fidelio Ponce.

Así, Weiss, desde su puntual formación en el dibujo, recorre una senda en que la naturaleza y el paisaje, en su detalle y su expansión, son un reconocimiento de presencia y celebración. En ese tipo de obra utiliza el color con una pincelada que hace del mismo un lenguaje en que la parquedad puede ser intensidad y la abundancia deviene fiesta caleidoscópica de lo plasmado. Lujo y prodigio del entorno. De ese mundo de inmediatez pasa al del desnudo, en que logra algunas de sus mejores piezas. Los cuerpos y torsos de las mujeres que dominan esta zona creativa se caracterizan, con ese pendular equilibrio entre el dibujo y la pincelada de impulso gestual, tanto por la opulencia de la forma como por un insólito balance entre erotismo y hieratismo.

Es precisamente en esa etapa de sus desnudos en que el creador comienza a explorar el ámbito de la poesía y la fantasía que engendran la belleza y su otredad. Su catalizador es la poesía de José Asunción Silva. Los cuadros y dibujos de ese período se definen como una reinvención de la realidad desde el sueño y la voluntad de prodigio. Esta zona del quehacer del artista es umbral de su creación de inspiración estrictamente religiosa.

De esta suerte, Weiss crea en torno a la figura de los monjes —cuya ejecución se afianza en el dominado dibujo, la parquedad de elementos compositivos, el controlado pero lujoso uso del color y unas ricas texturas— todo un universo. En ese universo, la intimidad de sus silenciosos y anónimos modelos de invisible rostro es reflejo del ascenso propio de lo contemplativo y esa total entrega a la oración y la caridad como sellos de la fe en lo eterno. Tiene esta serie de los monjes una singular consistencia. Procura el pintor que el monje trascienda su propia identidad y nos haga descubrir en su imagen la plenitud inagotable de la experiencia religiosa.

Sin abandonar su tenaz adentramiento en el mundo de los monjes, Weiss se mantiene en el espacio y sentido de lo religioso en los cuadros en que explora la divinidad de Jesucristo como presencia entregada para nuestra redención. Paralelamente, el artista ha incorporado, desde su real devoción al Padre Pío, recién exaltado a los altares, sus lienzos y papeles en que plasma distintos latidos de su estar en el mundo. En estas piezas, igualmente, el pintor fascinado por lo religioso define su estilo en una obra en que la elaboración y la sencillez se enlazan y en que la belleza y la espiritualidad se encuentran en un punto tan real como ideal. Es la suya pintura religiosa hacia el siempre del espíritu.

ARMANDO ÁLVAREZ BRAVO (La Habana, Cuba, 1938). Poeta, crítico literario y de arte, ensayista, narrador, profesor, investigador literario, editor y periodista. Miembro de número de la Academia Cubana de la Lengua; correspondiente de la Real Academia Española y la Academia Norteamericana de la Lengua Española; y miembro vitalicio de la American Translators Association. Fundador y ex presidente del PEN Club de Escritores Cubanos en el Exilio. Se le considera un poeta fundamental de la generación cubana del 50, que ha designado como la generación arrasada.

Poesía: *El azoro; Relaciones; Para domar un animal; Juicio de residencia; Las lejanías; El prisma de la razón; Naufragios y comentarios; Trenos; Cabos sueltos; Poesía en tres paisajes (Rastros de un merodeador nocturno, Noticias de Nadie, Sólo se puede confiar en la soledad); La belleza del físico mundo; A ras de mundo. Poemas escogidos, 1964-2006; Cuaderno de campo (1996-2008); Poemas para la Princesa* y *Siempre habrá un poema (Antología)*.

Ensayo: *Órbita de Lezama Lima; Autorretrato a trancos; Al curioso lector (Ensayos sobre arte y literatura)* y *El arte cubano en el exilio.*

Cuento: *Las traiciones del recuerdo* y *El día más memorable.*

Edición (obras escogidas): *Un epistolario inédito de los Milanés* y *Los poetas del PEN de Escritores Cubanos en el Exilio. Una colección de poemas.*

Otras obras: Varios libros para la enseñanza del español y su literatura; una *Historia de la literatura universal* y una *Historia del arte* y varios volúmenes en colaboración entre los que se cuentan: *Diccionario de la literatura cubana; Lengua y literatura en su contexto* y *The Visual Art Critic.*

www.ingramcontent.com/pod-product-compliance
Lightning Source LLC
LaVergne TN
LVHW041630060526
838200LV00040B/1525